I0108877

www.ingramcontent.com/pod-product-compliance
Lightning Source LLC
Chambersburg PA
CBHW060206070426
42447CB00034B/2703
9780988516144

First Paperback Edition:	January 2017
Book Name:	Mashq e Sukhan
Category:	Urdu Poetry
Poet:	Anwar Shaoor
Title:	Raja Ishaq
Language:	Urdu
Publisher:	Andaaz Publications 4616 E Jaeger Rd Phoenix, AZ 85050 USA
Email:	admin@andaazpublications.com
Web:	www.andaazpublications.com
Ordering Information:	available from amazon.com and other retail outlets

ISBN: 978-0-9885161-4-4

andaaz
PUBLICATIONS

انتساب

جانے والوں کے نام

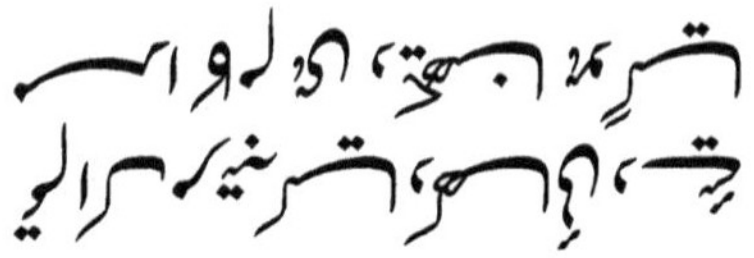

ترتیب

✻

کیا بادلوں میں سفر زندگی بھر
زمیں پر بنایا نہ گھر زندگی بھر

محبّت رہی چار دن زندگی میں
رہا چار دن کا اثر زندگی بھر

سبھی زندگی کے مزے لُوٹتے ہیں
نہ آیا ہمیں یہ ہُنر زندگی بھر

اتّفاق اپنی جگہ، خوش قسمتی اپنی جگہ
خود بناتا ہے جہاں میں آدمی اپنی جگہ

کہہ تو سکتا ہوں مگر مجبور کر سکتا نہیں
اختیار اپنی جگہ ہے، بے بسی اپنی جگہ

کچھ نہ کچھ سچّائی ہوتی ہے نہاں ہر بات میں
کہنے والے ٹھیک کہتے ہیں سبھی اپنی جگہ

صِرف اُس کے ہونٹ کاغذ پر بنا دیتا ہوں میں
خود بنا لیتی ہے ہونٹوں پر ہنسی اپنی جگہ

دوست کہتا ہوں تمہیں شاعر نہیں کہتا شعورؔ
دوستی اپنی جگہ ہے، شاعری اپنی جگہ

٭

تُو نہیں ہے تو دوسرا ہے یہاں
وہی موسم، وہی ہَوا ہے یہاں

سب برابر نہیں ہیں دنیا میں
کوئی چھوٹا، کوئی بڑا ہے یہاں

اُس کا حُسنِ سلوک دیکھ لیا
دل کی اوقات اور کیا ہے یہاں

کِن پریشانیوں میں ہے کوئی
یہ بَھلا کون دیکھتا ہے یہاں

ہم تو خوش تھے، ہمیں بُلایا ہے
ایک میلہ لگا ہوا ہے یہاں

شاید انور شعورؔ ہو، دیکھو
منہ چھپائے کوئی پڑا ہے یہاں

دُکھ ہے تو آپ سے ہے، دَوا ہے تو آپ سے
اب زندگی میں کوئی مزا ہے تو آپ سے

برتاؤ دوسروں کا بھی کچھ مختلف نہیں
لیکن مجھے کسی سے گِلہ ہے تو آپ سے

مشہور ہیں اگرچہ وفا ناشناس آپ
دنیا میں آج نامِ وفا ہے تو آپ سے

اغیار بھی ہیں درپئے آزار یار بھی
بے چَین دل کو چَین ذرا ہے تو آپ سے

ہم زندگی میں اور کسی کے نہیں ہوئے
تھوڑا بہت لگاؤ رہا ہے تو آپ سے

رکھتا نہیں کسی سے کوئی واسطہ شعورؔ
خوش ہے تو آپ سے ہے، خفا ہے تو آپ سے

دل کے چکّر چلائے رکھوں گا
سانس ڈوری گھمائے رکھوں گا

میں کڑی دھوپ میں سفر جاری
شوق کے سائے سائے رکھوں گا

صبح تک دل، دماغ اور آنکھیں
ساری شمعیں جَلائے رکھوں گا

اُٹھ سکے گا نہ میرے پہلو سے
اُسے اتنی پِلائے رکھوں گا

بوند باقی ہے جسم میں جب تک
پھول دل کا کِھلائے رکھوّں گا

یاد رکھ، گھر قفس نہیں ہوتا
میں یہاں اپنی رائے رکھوّں گا

دردِ دَوراں بَھلا کلیجے میں
دردِ دل کے بجائے رکھوّں گا

میری آنکھیں اُسے کھٹکتی ہیں
یہ دِیے بھی بُجھائے رکھوّں گا

پاس آیا تو جیب میں اُس کی
دل اُسے بے بتائے رکھوّں گا

مَن محلّے میں کیا جگہ کی کمی
جسے آنا ہو آئے، رکھّوں گا

کاش وہ بے بُلائے آجائے
میں اُسے بے بُلائے رکھّوں گا

روح کے پیرہن میں سرتا سر
اُس کی خوشبو بسائے رکھّوں گا

اِس ملمّع معاشرے میں شعورؔ
ہونٹ کو مسکرائے رکھّوں گا

تم گزرے تھے کس جلدی سے
دیکھ رہا تھا میں کھڑکی سے

دَھرتی کے سب لوگوں کا ہے
جو کچھ اُگتا ہے دھرتی سے

میں ایمان نہیں بیچوں گا
روٹی کھالوں گا چٹنی سے

سِل کو بھی دل کر دیتا ہے
غم اچّھا ہوتا ہے خوشی سے

عقل ذلیل و خوار ہوئی ہے
خود اپنی بے راہ روی سے

جس جس نے وہ آنکھیں دیکھیں
توبہ کر لی مے نوشی سے

نفسانفسی کا عالَم ہے
رکھ نہ شعورؔ اُمید کسی سے

آدمی آدمی اَنجان ہے، جانے کیا ہے
یہ نگر ہے کہ بیابان ہے، جانے کیا ہے

صبح جاتا ہے تو پھر رات گئے آتا ہے
صاحبِ خانہ ہے، مہمان ہے، جانے کیا ہے

سوچتا بھی نہیں جو بات وہ کہہ دیتا ہوں
شعرالہام ہے، وجدان ہے، جانے کیا ہے

میں مقولات کو مفروضے کہا کرتا ہوں
یہ حقیقت ہے کہ ہذیان ہے، جانے کیا ہے

اے شعورؔ آپ کا مجموعہ پڑھا ہے ہم نے
فردِ اعمال ہے، دیوان ہے، جانے کیا ہے

کب آئے گی آپ کی سواری
اک عمر گزر گئی ہماری

مابینِ امید و ناامیدی
آتے ہیں خیال باری باری

رونے پہ مرے نہ مسکراؤ
یہ حال نہیں ہے اختیاری

انسان کو گھر نصیب ہو تو
جاگیر ہے کائنات ساری

غمِ جان کے کیا کرو گے صاحب
آسان نہیں ہے غم گساری

سَو دُکھ ہیں شعورؔ زندگی میں
پھر بھی ہمیں زندگی ہے پیاری

کِس کی خاطر اے خدا کس کے لیے
میں اکیلا ہوں بَھلا کس کے لیے

دوسروں سے بلکہ اپنے آپ سے
بڑھ رہا ہے فاصلہ کس کے لیے

کون ہوتا ہے گلی میں رات کو
ٹمٹماتا ہے دِیا کس کے لیے

پھر رہی ہے ٹکّریں کھاتی ہوئی
کوہساروں میں ہَوا کس کے لیے

کہکشانیں رقص میں ہیں رات دن
سلسلہ دَر سلسلہ کس کے لیے

ہے زمیں کے ہر طرف پھیلی ہوئی
آسماں جیسی فضا کس کے لیے

بِیت جائے گی یہ کالی رات بھی
ایک حالت ہے سدا کس کے لیے

دیکھنے والا نہیں کوئی تو پھر
دیکھتا ہوں آئینہ کس کے لیے

ہم جیے اُس کے لیے ورنہ شعورؔ
کوئی دنیا میں جیا کس کے لیے

❋

ہر آدمی جو ملاقاتیوں میں ہے میرے
سمجھ رہا ہوں کہ وہ دوستوں میں ہے میرے

مرا وجود مجھے دوڑنے نہیں دیتا
یہ ایک سنگِ گراں راستوں میں ہے میرے

کبھی لکھا تھا محبّت کا ایک افسانہ
رکھا ہوا وہ کہیں کاغذوں میں ہے میرے

کسی کو دیکھنا کافی ہے چاہنے کے لیے
وہ اجنبی ہے مگر دلبَروں میں ہے میرے

درِ نسیم پہ ملتے ہیں روز ہم دونوں
ستارۂ سَحَری ساتھیوں میں ہے میرے

تمام رات مجھے یہ خیال رہتا ہے
کوئی گداز بدن بازوؤں میں ہے میرے

کسی غرض سے تمھاری طرف نہیں آتا
طوافِ کُوئے بُتاں مشغلوں میں ہے میرے

مرے خلاف ضرورت نہیں گواہی کی
فقیہِ شہر تو ہم مشربوں میں ہے میرے

میں کائنات کی بے مقصدی پہ ہنستا ہوں
یہ کام چند اہم مقصدوں میں ہے میرے

اگرچہ رزق کا وعدہ کیا گیا تھا شعورؔ
غمِ معاش بڑے مسئلوں میں ہے میرے

مٹّی ہے یا پانی ہے
ہستی ایک کہانی ہے

انسانوں کو دُکھ دینا
کیسا غیر انسانی ہے

تیری کوئی بات نئی
کوئی بات پُرانی ہے

گلشن لافانی ہوگا
گل بے چارہ فانی ہے

دل دے دے کر دیکھ لیا
دل دینا نادانی ہے

وہ صورت کچھ اَن جانی
کچھ جانی پہچانی ہے

میری بربادی کا سبب
کون اے یارِ جانی ہے

بازو میں ہے اُس کا گھر
تھوڑی سی آسانی ہے

ہر سچّائی مانوں گا
ہر سچّائی مانی ہے

ملنے جُلنے کا مطلب
ایثار و قربانی ہے

باتیں کرتی ہے خود سے
وہ لڑکی دیوانی ہے

آدمیوں کے جنگل میں
ویرانی ویرانی ہے

تم دل لے کے بھول گئے
اچّھی بے ایمانی ہے

کوئی فکر نہ کوئی غم
درویشی سلطانی ہے

اک پیغام نگاہوں میں
اک پیغام زبانی ہے

کیسا دامن کش ہے وہ
جیسے یوسفِ ثانی ہے

میری بیماری شاید
جسمانی روحانی ہے

ترکِ محبّت اور شعورؔ
لوگوں کو حیرانی ہے

سنا چکا ہوں جو قصّہ، نہیں سناؤں گا
نئ ہے رات، دِیا بھی نیا جلاؤں گا

بنے بنائے ہوئے راستوں پہ کیا چلنا
میں کوئی راستہ سب سے الگ بناؤں گا

اگرچہ کھائی ہے میں نے قسم نہ جانے کی
اُنھوں نے یاد کیا تو ضرور جاؤں گا

مجھے اُٹھا تو رہے ہو مگر خیال رہے
چلا گیا تو کبھی لَوٹ کر نہ آؤں گا

مری غزل ہے سفر نامۂ حیات مرا
شعورؔ میں نے جو دیکھا ہے، وہ دِکھاؤں گا

ایک ہنگامہ ہے گھر سے باہر
ہم نکلتے نہیں ڈر سے باہر

راستے بند ہیں چاروں جانب
لوگ جائیں گے کدھر سے باہر

تیری صورت کی نہیں کوئی مثال
کون سی شے ہے نظر سے باہر

ایک جنگل ہے نگر کے اندر
ایک جنگل ہے نگر سے باہر

بھیڑ چلنے نہیں دیتی تھی مجھے
ہو گیا راہ گزر سے باہر

ہم اُدھر دیکھتے رہتے ہیں شعورؔ
وہ نکلتے ہیں جدھر سے باہر

آدمی سے آدمی راضی نہیں، ناراض ہے
آج کل بزمِ جہاں کا اور ہی انداز ہے

آئینے تُو نے بہت دیکھے ہیں اِس کے باوجود
دیکھ میرا شعر، یہ آئینۂ الفاظ ہے

تذکرے میں اور بھی کارِ نمایاں ہیں مگر
زندگی کو اے محبّت ایک تجھ پر ناز ہے

اس سے مت کترا کہ احباب و اعزّا کا ہجوم
رونقِ دنیا ہے، گو مجموعۂ اغراض ہے

کوئی اچّھی شے نظر آتی ہے برسوں میں شعورؔ
حُسن بھی دنیا میں ہے موجود لیکن شاذ ہے

وفاتِ ناگہانی حیف صد حیف
مآلِ عمرِ فانی حیف صد حیف

ہمارے بعد آئے گی ہماری
حیاتِ جاودانی حیف صد حیف

رُلاتی ہے ہنسانے سے زیادہ
محبّت کی کہانی حیف صد حیف

کسی دن ختم ہو جاتی ہے ہر شے
نئی ہو یا پرانی، حیف صد حیف

تفاوت آدمی اور آدمی میں
غلامی، حکمرانی، حیف صد حیف

کب آیا اور کب گزرا نہ جانے
مرا دورِ جوانی حیف صد حیف

شعورؔ اک عمر کی محنت کا حاصل
یہ الفاظ و معانی؟ حیف صد حیف

وفا کا کوئی صِلہ نہیں ہے
یہ واقعہ ہے، گِلہ نہیں ہے

یہ میری صبحیں، یہ میری شامیں
سُبو نہیں ہے، صبا نہیں ہے

یہ رزم و عزم و عمل کی دنیا
مراقبے کی جگہ نہیں ہے

بدلتی رہتی ہے رنگ فطرت
جو ہے نہ ہو گا، جو تھا نہیں ہے

پڑا ہوں زندانِ زندگی میں
فرار کا راستہ نہیں ہے

کسے تمھارے سِوا پُکاروں
کوئی تمھارے سِوا نہیں ہے

تمام لوگ آچکے ہیں لیکن
شعورؔ کا کچھ پتہ نہیں ہے

سر چھپانے کی جگہ چاہیے ہے
اور درویش کو کیا چاہیے ہے

درد مندی کا طلب گار ہے دل
نہ دلاسا نہ دوا چاہیے ہے

زندہ رہنے کے لیے آدمی کو
کچھ نہیں چاہیے یا چاہیے ہے

گُھپ اندھیرے میں اُجالے کے لیے
ایک ننّھا سا دیا چاہیے ہے

بول کا مول نہیں ہوسکتا
نہ ستائش نہ صلہ چاہیے ہے

یوں تو آفاق کُھلے ہیں لیکن
کوئی دروازہ کُھلا چاہیے ہے

دوستی کے لیے اغراض نہیں
اُنس و ایثار و وفا چاہیے ہے

قیدِ تنہائی میں زندہ ہے شعورؔ
آپ لوگوں کی دُعا چاہیے ہے

نام ہوں میں، پتہ نہیں ہوں میں
چل رہا ہوں، کھڑا نہیں ہوں میں

جو ہُوا سو ہُوا محبّت میں
لَوٹ کر دیکھتا نہیں ہوں میں

مجھ سے بچھڑا ہوا ہے وہ، ہوگا
اُس سے بچھڑا ہوا نہیں ہوں میں

یہ زمانہ نہیں بھَلائی کا
ورنہ اتنا بُرا نہیں ہوں میں

وہ بڑی سادگی سے مِلتا ہے
جیسے کچھ جانتا نہیں ہوں میں

بے نیازانہ زندگی کب تک
آدمی ہوں، خدا نہیں ہوں میں

دیکھتا ہوں ٹٹول کر خود کو
واقعی ہوں بھی یا نہیں ہوں میں

وہی انورؔ شعورؔ ہوں اب تک
دیکھ لو، دوسرا نہیں ہوں میں

کچھ سزا تکمیل پا جاتی ہے روز
قیدیوں کو نیند آ جاتی ہے روز

رات بھر کی نیم بیداری کے بعد
صبح کیا آتی ہے، کیا جاتی ہے روز

مانگتا ہوں روز مرنے کی دعا
رائگاں میری دعا جاتی ہے روز

اور کیا درکار ہے بیمار کو
بھول جاتے ہیں، دوا جاتی ہے روز

کم ہی بَنتے ہیں درختِ سایہ دار
کتنے پودے دھوپ کھا جاتی ہے روز

اے نگاہِ پارسا اُس کی طرف
تُو نہیں جاتی ہے یا جاتی ہے روز

عمر کا ہر دن نیا دن ہے مجھے
اک نہ اک تصویر بھا جاتی ہے روز

ہر سلیماں کی سواری اے شعورؔ
جانبِ شہرِ سبا جاتی ہے روز

یہ کائنات جو کیا کیا دِکھائی دیتی ہے
ہمیں تو ایک تماشا دِکھائی دیتی ہے

تمھارے ساتھ سیاحت نصیب ہو جائے
تو دل فریب یہ دنیا دکھائی دیتی ہے

اگر کُھلی نہ رکھیں خواب میں بھی آنکھیں ہم
کہاں وہ صورتِ زیبا دِکھائی دیتی ہے

خود آدمی ہو اگر اپنی ذات میں تنہا
ہر ایک شے اُسے تنہا دِکھائی دیتی ہے

شعورؔ دیر سے آنسو بہا رہے ہو تم
تمھاری آنکھ تو دریا دِکھائی دیتی ہے

ہم اُس کے سہی، وہ ہمارا نہیں
محبّت پہ کوئی اجارہ نہیں

میں فطرت کی اک خام تصویر ہوں
کسی نے بنایا سنوارا نہیں

نہیں ہے اِدھر کوٹھری میں دِیا
اُدھر آسماں پر ستارہ نہیں

نکمّا نہیں ہوں، نہتّا ہوں میں
مدد چاہتا ہوں، سہارا نہیں

ہمیشہ زمانے سے سچ بولنا
اسے جھوٹ بالکل گوارا نہیں

مجھے چین سے نیند آجائے گی
بس اک بار مِل لو، دوبارہ نہیں

اُسے جو پری زاد کہتا ہوں میں
حقیقت ہے یہ استعارہ نہیں

کسی اور سے لو لگاؤ شعورؔ
اب اِس کے سِوا کوئی چارہ نہیں

کٹ رہی ہے بُری بَھلی میری
جیسے اوقات ہو یہی میری

دَر و دیوار کے سِوا گھر میں
بات سنتا نہیں کوئی میری

پیار دو چار دن کا کھیل نہیں
عمر برباد ہو گئی میری

دب گئیں آپ کی تمنّا میں
آرزوئیں بڑی بڑی میری

تھا بڑا شور صبح آنے کا
آنکھ تک تو نہیں کُھلی میری

جو تمھارے مزاج میں آئے
کیا خوشی اور ناخوشی میری

آپ کیوں منہ بگاڑتے ہیں شعورؔ
میرے ہونٹوں پہ ہے ہنسی میری

❋

مرا یار مجھ سے جدا ہوگیا
یہ کیا کہہ رہے ہو، یہ کیا ہوگیا

ستارے کا کوئی بھروسا نہیں
کبھی گُم، کبھی رُونما ہوگیا

وہ اک مرتبہ کیا دکھائی دیا
مرا کام ہی دیکھنا ہوگیا

فلک نے پلٹ کر نہ دیکھا کبھی
کوئی خوش ہُوا یا خفا ہوگیا

سنانے لگا آپ بِیتی شعورؔ
غضب خیریت پوچھنا ہوگیا

حاصلِ زندگی نہیں معلوم
کیا رضا ہے تری، نہیں معلوم

بس کسی کیفیت میں رہتا ہوں
ہے یہ غم یا خوشی، نہیں معلوم

تم کہیں کے ہو، ہم کہیں کے ہیں
وجہِ وابستگی نہیں معلوم

اُس پہ بھی میں یقین رکھتا ہوں
جو حقیقت ابھی نہیں معلوم

اب مجھے چھوڑتی ہے تیری یاد
یا نہیں چھوڑتی، نہیں معلوم

دیکھ کر بھی اُسے نہیں دیکھا
یعنی معلوم بھی نہیں معلوم

غیر نے کر لیا اُنھیں قائل
گفتگو کیا ہوئی، نہیں معلوم

اور تو اور، حد یہ ہے کہ شعورؔ
کون ہوں میں، یہی نہیں معلوم

نہ رونق میں، نہ ویرانی میں ہوں میں
یہ کس غولِ بیابانی میں ہوں میں

یہی خوش قسمتی کچھ کم نہیں ہے
کہ چندے عالمِ فانی میں ہوں میں

نہیں آتی جو خود میری سمجھ میں
کسی ایسی پریشانی میں ہوں میں

مری مرضی پہ ہے، مانوں نہ مانوں
یہ مشکل ہے کہ آسانی میں ہوں میں

شعورؔ انکار پر قائم رہوں گا
اگر اصحابِ ایمانی میں ہوں میں

❁

سفر میں نہ دَر تھا، نہ دالان تھا
سمندر سے آگے بیابان تھا

جہاں گُھپ اندھیرا ہے سینے میں آج
کبھی اِس جگہ اک پرستان تھا

نظر تھی کسی اور جانب مگر
ہمارا تمھاری طرف دھیان تھا

محبّت کو سب کچھ سمجھتا رہا
یہ دل واقعی سخت نادان تھا

تمھاری گلی سے گزرتے ہوئے
خدا ہی ہمارا نگہبان تھا

ہم اپنی خوشی سے رہے منتظر
نہ اُس نے کہا تھا، نہ امکان تھا

نئی شے نہیں شہر کی بے رخی
یہ جنگل تو پہلے بھی سنسان تھا

جو البم دِکھایا تھا تم نے شعورؔ
وہ البم نہیں، ایک گُل دان تھا

فصل ایک آئی تھی جوانی سی
آج تک یاد ہے کہانی سی

اُس کے آنے کی تھی بڑی اُمید
ہائے کیا شام تھی سہانی سی

آج بھی داستاں محبّت کی
کچھ نئی سی ہے، کچھ پرانی سی

ذہن کے صحن میں پرندے سے
کرتے رہتے ہیں نغمہ خوانی سی

ہے زمان و مکاں میں کوئی بات
لا زمانی سی لا مکانی سی

اُس کی آنکھوں نے میری آنکھوں سے
کی تھی کچھ گفتگو زبانی سی

بھائی انور شعورؔ کی آمد
ایک آفت ہے ناگہانی سی

نہیں کون سا غم مگر کیا کریں
پریشان ہیں ہم مگر کیا کریں

اندھیرے میں ہے روشنی کی کِرن
مہین اور مدّھم مگر کیا کریں

بڑا سخت ہوتا ہے انسان پر
مصیبت کا عالم مگر کیا کریں

بشر کیا، پہاڑوں کے بس کے نہیں
یہ صدماتِ پیہم مگر کیا کریں

مِلی ہے جو یہ زندگی سی ہمیں
بَلا ہے عزیزم مگر کیا کریں

ہمارا یہ جامِ سفال اے شعورؔ
نہیں ساغرِ جم مگر کیا کریں

جو بھی قسمت کا دیا موجود ہے
تیرے آگے ساقیا موجود ہے

اب فقط صہبا و ساغر چاہیے
ابر حاضر ہے، ہَوا موجود ہے

میرے سینے کا صدف خالی نہیں
ایک موتی بے بہا موجود ہے

جوہرِ ذاتی بھی لُٹتا ہے کہیں
جو بھی میرے پاس تھا،موجود ہے

میں قفس میں بھی تہی مایہ نہیں
نکہتِ گُل ہے، صبا موجود ہے

گھر میں گنجائش نہیں تو کیا ہُوا
گوشۂ دل میں جگہ موجود ہے

رفتہ رفتہ سامنے آجائے گا
"کیا نہیں موجود، کیا موجود ہے"

میں دُہائی دیتے دیتے مر گیا
لوگ کہتے ہیں، خدا موجود ہے

نام لیتے ہو بہت جس کا شعورؔ
ہے وہ ناموجود یا موجود ہے

❋

دن دھوکا، شب دھوکا ہے
سب دھوکا، سب دھوکا ہے

چاند، ستارے اور زمین
ایک مرتّب دھوکا ہے

وقت کی حد بھی ہے کوئی
اب دھوکا، جب دھوکا ہے

اُس کے لب کی بات نہیں
دھوکا، ہر لب دھوکا ہے

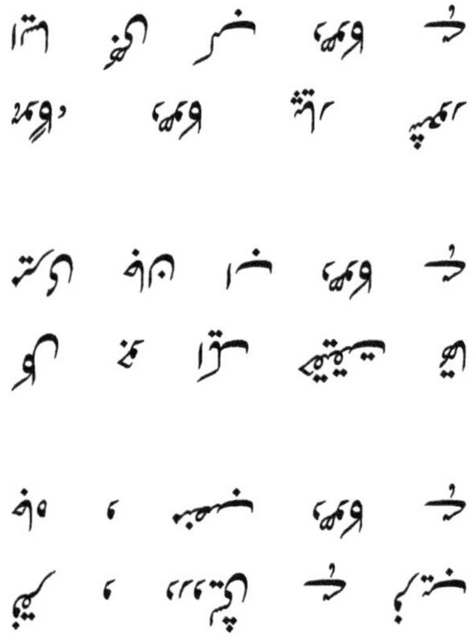

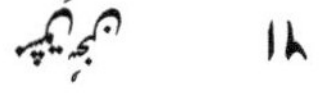

بہت یاد اک بے وفا ہے مجھے
وفا کا بڑا تجربہ ہے مجھے

مرے پاس ہے کیا، مگر جو بھی ہے
بڑی مشکلوں سے ملا ہے مجھے

کسی اور سے پوچھ سکتا نہیں
تمھارا پتہ پوچھنا ہے مجھے

اُسے کیا وفا کی ضرورت بھلا
اگر ہو تو انکار کیا ہے مجھے

تم اب اور گُم ہو گئے ہو شعورؔ
تمھیں دیکھ کر دُکھ ہوا ہے مجھے

زندگی کا زہر پینے آئے ہیں
مرنے آئے ہیں کہ جینے آئے ہیں

"گر قبول افتد زہے عزّو شرف"
لے کے اشکوں کے نگینے آئے ہیں

خود نہیں آئے کبھی دربان ہم
جب بُلایا ہے کسی نے، آئے ہیں

باغیوں کی صورتیں کیا دیکھنا
گولیاں برساؤ، سینے آئے ہیں

آئے ہیں پستی سے اجرامِ فلک
یا بلندی سے یہ زینے آئے ہیں

آؤ دیکھیں، کون آیا ہے شعورؔ
ساحلوں پر کچھ سفینے آئے ہیں

محض چہرہ دکھانے آتے ہیں
وہ یہاں کیوں نہ جانے آتے ہیں

لوگ کیا اِس نگار خانے میں
صِرف آنسو بہانے آتے ہیں

سامنے آدمی نہیں آتے
چلتے پھِرتے فسانے آتے ہیں

ہم تو آتے ہیں غم غلط کرنے
لوگ پینے پلانے آتے ہیں

جو اُسے دیکھ لے شعورؔ، اُسے
سارے سپنے سُہانے آتے ہیں

فاصلے خود کم سے کم ہو جائیں گے
وہ ہمارے، اُن کے ہم ہو جائیں گے

زندگی باقی رہی تو ایک دن
دُور سب رنج و الم ہو جائیں گے

اِس قدر بیگانگی اچّھی نہیں
ہم مسلماں اے صنم ہو جائیں گے

ملتفت ہوتے نہیں وہ ایک دَم
چشمِ نم اے چشمِ نم! ہو جائیں گے

عزم سے بڑھ کر نہیں ساماں شعورؔ
عزم کر، ساماں بہم ہو جائیں گے

کچھ نہیں ہوسکا تو کیا ہوگا
اور کچھ ہو گیا تو کیا ہوگا

آج تک تم نہیں ہوئے میرے
اب کوئی دوسرا تو کیا ہوگا

یاد رکھتا ہو یا نہ رکھتا ہو
وہ مجھے بھولتا تو کیا ہوگا

گاہے گاہے جو شغل ہوتا ہے
روز ہونے لگا تو کیا ہوگا

ہم نے مانا، خدا نہیں ہے شعورؔ
فرض کر لو، ہُوا تو کیا ہوگا

بس اب چلے بھی آؤ سب منتظر ہیں گھر میں
کب تک خفا رہو گے اِس عمرِ مختصر میں

سینے کی کوٹھری میں ہوتا نہیں اُجالا
کب سے چہک رہے ہیں طائر شجر شجر میں

آؤ جھری سے لگ کر تاروں کی چال دیکھیں
بُوجھیں کہ دیر کتنی باقی ہے اب سحر میں

بچّوں کو کیا سنائیں صدمات زندگی کے
تکلیف آدمی کو ہوتی ہی ہے سفر میں

انور شعورؔ صاحب! میرے مقابلے کے
دو چار ہی جیالے نکلیں گے شہر بھر میں

کٹ رہی ہے زندگی صدمات میں
کیا کریں اِس صورتِ حالات میں

سیرِ ساحل ہو گئی سیرِ ارم
ہے کسی کا ہاتھ میرے ہاتھ میں

ایک لمحہ دوسرا لمحہ نہیں
زندگی تقسیم ہے لمحات میں

اُس نے پوچھا تھا ہمارا حال چال
ہم نے کیا کیا کہہ دیا جذبات میں

ناز برداری کریں کس کس کی ہم
ہیں کئی ذاتیں ہماری ذات میں

صبح میری آنکھ نے دیکھی نہیں
بُجھ گیا یہ قمقما اک رات میں

اے شعورؔ اب شام کا کیا انتظار
دن کو بھی جائز ہے مے برسات میں

وہ ہوتا نہیں ہے مرے سامنے
مگر دیکھتا ہوں اُسے سامنے

بہت ہو چکی اوٹ سے گفتگو
اب آ بیٹھیے آمنے سامنے

تری زلف کے پیچ و خم کھل چکے
معمّے ہیں اب دوسرے سامنے

بہت ہیں مری بے بَسی کے گواہ
لُٹا ہوں بھرے شہر کے سامنے

ابھی دُور ہے پھر بھی اپنا مآل
نظر آرہا ہے مجھے سامنے

بہت یاد آتے ہیں وہ لوگ جو
جیے سامنے پھر مَرے سامنے

تمھی انقلابی نہیں ہو شعورؔ
کھڑے ہیں کئی سر پھرے سامنے

عبور کر نہ سکے ہم، حدیں ہی ایسی تھیں
قدم قدم پہ یہاں مشکلیں ہی ایسی تھیں

وہ مجھ سے روٹھ نہ جاتے تو اور کیا کرتے
مری خطائیں، مری لغزشیں ہی ایسی تھیں

تمھارے ساتھ گزاری ہوئی شبیں اب تک
مجھے جگائے ہوئے ہیں، شبیں ہی ایسی تھیں

کہیں دِکھائی دیے ایک دوسرے کو ہم
تو منہ بگاڑ لیے، رنجشیں ہی ایسی تھیں

بہت ارادہ کیا کوئی کام کرنے کا
مگر عمل نہ ہوا، الجھنیں ہی ایسی تھیں

ہزار مرتبہ دیکھا مگر نہیں دیکھا
وہ گھر ہی ایسے تھے، وہ لڑکیں ہی ایسی تھیں

بُتوں کے سامنے میری زبان کیا کُھلتی
خدا معاف کرے، خواہشیں ہی ایسی تھیں

نہ پوچھتا تھا وطن میں شعورؔ کو کوئی
نہ آن بان، نہ آسائشیں ہی ایسی تھیں

یہ اچّھا، وہ بُرا ہوتا ہے
اِن باتوں سے کیا ہوتا ہے

رات گئے بھی آسکتے تھے
دروازہ تو کُھلا ہوتا ہے

جانے کیا محسوس، مسیحا!
دل میں ایک جگہ ہوتا ہے

جب دیکھو اس دروازے پر
کوئی نہ کوئی کھڑا ہوتا ہے

تم تو خوش ہوتے ہو مِل کے
سارا شہر خفا ہوتا ہے

صاف نظر آجاتا ہے وہ
جس نے پیار کیا ہوتا ہے

چُپ رہتا ہوں شعورؔ کے منہ پر
گو افسوس بڑا ہوتا ہے

ذرا سی صبوحی پلا دیجیے
میں سویا ہوا ہوں، جگا دیجیے

پیالے میں بھر دیجیے بوند بوند
صراحی ٹھکانے لگا دیجیے

محبّت سے اب دل بہلتا نہیں
کِھلونا کوئی دوسرا دیجیے

اگر ہے یہی مول تول آج کل
تو کیا لیجیے اور کیا دیجیے

مجھے چھوڑ رکھّا ہے کیوں ناتمام
بنا دیجیے یا مِٹا دیجیے

بہت پی چکا ہوں مئے تلخ اب
مجھے کوئی میٹھی دوا دیجیے

گیا وقت آتا نہیں واقعی
تو جو ہو چکا ہے، بُھلا دیجیے

شعورؔ آپ کا مدّعا سُن لیا
بس اب دوسروں کو جگہ دیجیے

سفید جھوٹ کہ نامہ بَری سے آتا ہے
ہمارے پاس وہ اپنی خوشی سے آتا ہے

''نشہ شراب میں ہوتا تو ناچتی بوتل''
سُرور و کیف کہیں مے کشی سے آتا ہے

تمھاری یاد بھی کرتی ہے شاد کام بہت
مگر سُکون ملاقات ہی سے آتا ہے

مری تمام تگ و دَو کا ماحصل کیا ہے
یہ سوچتا ہوں تو رونا ابھی سے آتا ہے

مِلو کسی سے محبّت کے سلسلے میں شعورؔ
کہ آدمی کو یہ فن آدمی سے آتا ہے

جو نہ آیا کبھی دو چار گھڑی کی خاطر
زندگی ہم نے گزاری ہے اُسی کی خاطر

گاہے گاہے چلے آتے ہیں تمھاری جانب
خوش خیالی کے لیے، خوش نظری کی خاطر

بادہ نوشی کے کچھ اسباب ہُوا کرتے ہیں
کون پیتا ہے فقط بادہ کشی کی خاطر

سچ کی تائید، ارادی غلطی ہوتی ہے
حوصلہ چاہیے ایسی غلطی کی خاطر

عزّتِ نفس بڑی بات ہے انساں کے لیے
ہم نے گھر چھوڑ دیا کج کلہی کی خاطر

آس پاس اُس نے ہمیشہ ہمیں رکھّا لیکن
نہ کبھی ساتھ بٹھایا، نہ کبھی کی خاطر

یہ بجا ہے کہ خوشی ہاتھ نہ آئی تاہم
غم بہت ہم نے کمائے ہیں خوشی کی خاطر

لڑکھڑاتے ہوئے دیکھا جو بلا نوشوں کو
رکھ دیا ہاتھ سے پیمانہ کمی کی خاطر

ہم سے ملنے کوئی آئے تو خوشی ہوتی ہے
کون کرتا ہے یہ ایثار کسی کی خاطر

عمرِ فانی کے مزے لُوٹ رہا ہے کوئی
کوئی زندہ ہے حیاتِ اَبدی کی خاطر

مجلسیں وعظ و نصیحت سے نہیں ہیں آباد
لوگ آتے ہیں یہاں نوحہ گری کی خاطر

ہے ہمیں عشق رسولِؐ عربی سے انورؔ
ہم مسلماں ہیں رسولِؐ عربی کی خاطر

جب محبّت وصال ہوتی ہے
کیسی نادر مثال ہوتی ہے

کون کیا کررہا ہے دنیا میں
ہر گھڑی اک سوال ہوتی ہے

باغ میں کوئی بزمِ موسیقی
منعقد ڈال ڈال ہوتی ہے

دوستی ہر کسی کے بس کی نہیں
اس لیے خال خال ہوتی ہے

کیسا ماضی، کہاں کا مستقبل
زندگی صِرف حال ہوتی ہے

ایک ہوتی ہے مادرِ گیتی
یا جنوب و شمال ہوتی ہے

اُس گلی میں گئی ہوئی عزّت
مشکلوں سے بحال ہوتی ہے

ایک انسان کی حیات شعورؔ
کیا فقط ماہ و سال ہوتی ہے

دیوار نہیں ہے، دَر نہیں ہے
یہ راہ گزر ہے، گھر نہیں ہے

ہے زیست پہ اعتبار لازم
ہر چند کہ معتبر نہیں ہے

کس طرح گزر رہی ہے میری
واللہ مجھے خبر نہیں ہے

کس دل سے میں چھوڑ دوں فقیری
سلطانیٔ بحر و بَر نہیں ہے

مِلتے رہو اے شعورؔ اُن سے
ہو جائے گا پیار اگر نہیں ہے

زبانوں پہ ہے بس کہانی مری
یہ میں، اور یہ قدر دانی مری

نئی صورتِ حال کے باوجود
ابھی عادتیں ہیں پُرانی مری

محبّت خطوں میں سماتی نہیں
کسی روز سننا زبانی مری

دن اچّھا گزرنے کے امکان میں
گزرتی ہیں صبحیں سُہانی مری

عجب حاصلِ زندگی دَور تھا
لڑکپن ترا، نوجوانی مری

ازل سے ابد تک کی تلخیص ہے
پڑھو غور سے عمرِ فانی مری

وہ تھا رات مہمان میرا شعورؔ
مگر کر گیا میزبانی مری

اجنبی ہے کہ آشنا ہے وہ
ساتھ ہوتے ہوئے جُدا ہے وہ

ہم زباں سے نہیں بتا سکتے
ایسی نظروں سے دیکھتا ہے وہ

سرو و شمشاد کی قسم لے لو
اپنے قد سے کہیں بڑا ہے وہ

اِک نظر میں نظر نہیں آتا
سادگی میں چُھپا ہوا ہے وہ

وہ نہیں ہے تو پھر کہیں بھی نہیں
اور ہے تو جگہ جگہ ہے وہ

ہم نے کچھ منہ سے بے اِرادہ بھی
کہہ دیا ہے تو پھر کیا ہے وہ

وہ مجھے خواب لگتا ہے
باوجودیکہ واقعہ ہے وہ

ہم مزاجی ہے ایک ہم عمری
گو پرانا ہوں میں، نیا ہے وہ

وہ کسی کو دِکھا نہیں سکتا
میں نے تحفہ اُسے دیا ہے وہ

کاغذی پھول، پھول سے اچّھا
اب بھی گلدان میں سجا ہے وہ

جس زمانے میں ساتھ ساتھ تھے ہم
وہ زمانہ بُھلا چکا ہے وہ

تیسرے کا کہاں وجود شعورؔ
میں ہوں کون و مکاں میں یا ہے وہ

بتائے ہاتھ کیا کوئی کسی کا
یہاں تو ایک عالَم ہے سبھی کا

بشارت سچ سہی حوروں کی لیکن
بدل ہے آدمی ہی آدمی کا

اب آدھی زندگی کے بعد کچھ کچھ
سلیقہ آ رہا ہے زندگی کا

بشر کے نفع و نقصاں کے سوائے
کوئی مطلب نہیں نیکی بدی کا

مکاں خالی ہوا ہے حال ہی میں
مگر ویران لگتا ہے کبھی کا

محبّت ہی نہیں اے دوست سب کچھ
محبّت ایک رُخ ہے دوستی کا

شعورؔ اپنی کہانی کہہ رہا ہوں
مجھے دعوا نہیں ہے شاعری کا

نہ کر منہدم شیخ کاشانہ دل کا
عبادت کدہ ہے صنم خانہ دل کا

ارادے سے کرتا نہیں پیار کوئی
یہ جذبہ ہے بے اختیارانہ دل کا

بہت سی غلط فہمیاں دُور ہوں گی
اشاعت کے قابل ہے افسانہ دل کا

ہزار اختلافات ہوتے ہوئے بھی
دل اُس کا فدائی، وہ دیوانہ دل کا

ملاقات بے حد ضروری ہے اُن سے
مجھے پیش کرنا ہے نذرانہ دل کا

مری اہلِ دنیا سے کیا رشتے داری
وہ بیگانہ میرا جو بیگانہ دل کا

عنایات کی انتہا ہو گئی ہے
نہ ہو جائے لبریز پیمانہ دل کا

کوئی یاد آتا ہے روزانہ دل کو
عجب حال ہوتا ہے روزانہ دل کا

بھرے شہر میں گوشۂ عافیت ہے
سلامت رہے کاش ویرانہ دل کا

شعورؔ آگ سے اور کیا تھی توقّع
چلو ہو گیا راکھ پروانہ دل کا

❁

جانے کیوں وہ میرے گھر آتا نہیں
میں بُلاتا ہوں مگر آتا نہیں

کوئی منظر صبح کا یا شام کا
میری کھڑکی سے نظر آتا نہیں

جس قدر کہتا ہے آنے کے لیے
درحقیقت اس قدر آتا نہیں

ہم بُلاوا تو اُسے بھی بھیجتے
دُکھ بہت ہوتا، اگر آتا نہیں

اتنی کم مدّت میں جینے کا ہنر
اے حیاتِ مختصر آتا نہیں

ایک بار آتا ہے دن دیدار کا
پھر یہ موقع عمر بھر آتا نہیں

میں چلا تو جاؤں گا لیکن شعورؔ
جانے والا لوٹ کر آتا نہیں

کبھی اِس کی، کبھی اُس کی گلی میں
کٹی عمرِ عزیز آوارگی میں

ضرورت کیا ہے کچھ کہنے کی اُن سے
سمجھ اتنی تو ہوتی ہے سبھی میں

گزارے ہیں ہزاروں سال ہم نے
اِسی دو چار دن کی زندگی میں

بُرا ہوں میں مگر کچھ خوبیاں بھی
ہُوا کرتی ہیں شاید آدمی میں

نہیں جاتی تمھاری یاد برسوں
بدل جاتی ہے دنیا دو گھڑی میں

شعورؔ اِس حال میں ہے اور خوش ہے
یہ بے فکری نہیں دیکھی کسی میں

کہیں اور کب جا نکلتا ہوں میں
تمھاری طرف آ نکلتا ہوں میں

عموماً مرے ساتھ ہوتا ہے کوئی
بہت کم اکیلا نکلتا ہوں میں

گلی میں نکلتے نہیں ساتھ ہم
نکلتا ہے وہ یا نکلتا ہوں میں

ترے شہر کی رونقیں دیکھنے
سرِ شام تنہا نکلتا ہوں میں

جہاں بھی اُسے دیکھ لوں ایک بار
وہاں سے دوبارہ نکلتا ہوں میں

مجھے دھوپ لاتی ہے باہر شعورؔ
تو بس ایک سایہ نکلتا ہوں میں

تیری صحبت میں بیٹھا ہوں
گویا جنّت میں بیٹھا ہوں

کل میں بیٹھا تھا منبر پر
آج عدالت میں بیٹھا ہوں

دیوارِ زنداں کے پیچھے
جُرمِ محبّت میں بیٹھا ہوں

ایک آواز پہ آجاؤں گا
جیسی حالت میں بیٹھا ہوں

اپنے سے دو باتیں کر لوں
قدرے فرصت میں بیٹھا ہوں

ایک جھلک دیکھی تھی اُس کی
اب تک حیرت میں بیٹھا ہوں

دیکھا بھالا ہے ہر نقشہ
دُکھ میں، راحت میں بیٹھا ہوں

دیکھ شعورؔ اُس بُت کے آگے
کیسے عبادت میں بیٹھا ہوں

مجھے کافی ہے اگر ایک نظر بھی دیکھو
میں بھی موجود ہوں محفل میں، اِدھر بھی دیکھو

جب بھی ملتے ہو، کسی اور کے ہاں ملتے ہو
میرے گھر آؤ، کسی دن مرا گھر بھی دیکھو

ایک ہی رُخ نہیں ہوتا کسی آئینے کا
رات کے بعد ذرا روئے سحر بھی دیکھو

میں نے ہر بات وضاحت سے بیاں کر دی ہے
اب کسی بات کا ہوتا ہے اثر بھی دیکھو

زندہ رہ کے تو بہت دیکھ لیا تم نے شعورؔ
اور باقی ہے کچھ امید تو مر بھی دیکھو

تفصیل کیا بتاؤں کہ کیا کررہا ہوں میں
جو کچھ بھی کررہا ہوں، برا کررہا ہوں میں

کوئی عجب نہیں جو اُٹھالیں ستم سے ہاتھ
اپنے سِتم گروں کو خفا کر رہا ہوں میں

حالانکہ آگیا ہوں میں چالیس کے قریب
وعدہ جو کر لیا تھا، وفا کررہا ہوں میں

اس شہرِ رنگ رنگ کے نقّار خانے میں
اپنی ہر ایک بات سنا کر رہا ہوں میں

ہر لمحۂ حیات یہ کہتا گزر گیا
انور شعورؔ! تجھ سے گِلہ کررہا ہوں میں

کسی اور کی سمت کیا دیکھنا
بہت ہے مجھے آئینہ دیکھنا

کبھی آؤ سینے کے آثار پر
تو اک طاق میں کچھ بُجھا دیکھنا

مرے دیکھنے پر نہ بِگڑا کرو
کہ ہے مختلف دیکھنا دیکھنا

برابر ہے ہم بے بسوں کے لیے
بُرا دیکھنا یا بَھلا دیکھنا

بقا کی بھی خاصی تدابیر ہیں
مقدّر نہیں ہے فنا دیکھنا

نہ پوچھو سفر میں ہمارے پڑاؤ
جہاں بھی دریچہ کُھلا دیکھنا

بھروسا ہے اتنا ہی اُس پر شعورؔ
تو اک دن اُسے آزما دیکھنا

✻

نہ اِس گلی میں، نہ اِس شہر بھر میں کوئی ہے
یہاں سے دور ہماری نظر میں کوئی ہے

کبھی کبھی مجھے لگتا ہے، گھر میں کوئی نہیں
کبھی کبھی مجھے لگتا ہے گھر میں کوئی ہے

سنائی دیتی ہیں سرگوشیاں سی رہ رہ کر
مرے مکان کے دیوار و در میں کوئی ہے

کسی وجود کا احساس ہو رہا ہے مجھے
مرے علاوہ بھی شاید کھنڈر میں کوئی ہے

ہمارے سامنے رہتا ہے یہ سوال اکثر
کہ سُکھ بھی زندگیٔ مختصر میں کوئی ہے؟

شعورؔ شوق نہیں ہے مجھے سیاحت کا
کہ روز و شب مرے اندر سفر میں کوئی ہے

کوئی ہمدم ڈھونڈتا ہوں شہر میں
مجھ سا پاگل کون ہو گا دہر میں

باغ نکلا بار کا نعم البدل
بے پیئے ہی آ گئے ہم لہر میں

آسمانوں سے نہیں نازل ہوا
مبتلا ہے یہ زمیں جس قہر میں

تم کو اُٹھتے بیٹھتے جو دیکھ لے
شعر کہہ سکتا ہے وہ ہر بحر میں

زہرِ مے پی کر تو دیکھو اے شعورؔ
زندگی بھرپور ہے، اِس زہر میں

اکیلے کوئی چیز بھاتی نہیں
مری زندگی صرف ذاتی نہیں

تماشا نہ خود کو بنالے کوئی
تو دنیا نظر تک اُٹھاتی نہیں

کفن پوش دولھا کا منہ کھول دو
یہ پس ماندگاں ہیں، بَراتی نہیں

نہ جانے یہ کیا ہو گیا ہے مجھے
کہ دل کی کلی مسکراتی نہیں

نہ لے نام انسانیت کا شعورؔ
تری سوچ ابھی کائناتی نہیں

اگ رہے ہیں سبزہ و گل خاک سے
اور کیا درکار ہے افلاک سے

آدمی! اے پُر تکلّف آدمی
ذات چُھپ سکتی نہیں پوشاک سے

اب سیاہی سے بھی لکھ سکتے نہیں
بچپنے میں جو لکھا تھا چاک سے

یہ بھی کیا ممکن نہ تھا پردیس میں
بھیج دیتے تم لفافہ ڈاک سے

کس قدر پتھّر ہیں انسانوں کے دل
دیکھتا ہوں دیدۂ نمناک سے

دیکھیے اب وہ بدلتے ہیں کہ ہم
وہ حیادار اور ہم بے باک سے

نونہالو! نیک نامی کے سِوا
کچھ نہ پاؤ گے مری املاک سے

سادہ و معصوم ہیں وہ اے شعورؔ
لاکھ آتے ہوں نظر چالاک سے

کتنی فرصت ہے ہمارے دلِ بیکار کے پاس
وقت بے وقت پہنچ جاتا ہے دلدار کے پاس

اُس کا گھر پوچھتے پھرنے کی ضرورت ہی نہیں
لوگ بیٹھے ہوئے مِل جائیں گے دیوار کے پاس

وقت آجائے تو پھر کون بچا سکتا ہے
سیکڑوں لوگ کھڑے تھے رسن و دار کے پاس

کوئی نایاب نہیں جنسِ محبّت لیکن
پائی جاتی ہے ہزاروں میں یہ دوچار کے پاس

کس طرح عمر کے اسراف سے غافل ہے شعورؔ
جیسے وافر ہو یہ سرمایہ مرے یار کے پاس

ہونٹوں پہ ایک حرفِ دعا بھی نہ آسکا
وہ وقت تھا کہ کام خدا بھی نہ آسکا

میں وہ مکیں ہوں روشنیوں کے دیار کا
جس کے مکاں میں ایک دیا بھی نہ آسکا

تم کچھ کہے بغیر گئے اِس طرح کہ پھر
گھر میں کوئی تمھارے سِوا بھی نہ آسکا

جو ایک بار آنکھ بچا کر نکل گیا
پھر زندگی میں اُس کا پتہ بھی نہ آسکا

کل مدّتوں میں یاد کیا تھا اُسے شعورؔ
لیکن ہمیں وہ یاد ذرا بھی نہ آسکا

خرد بھی ہمیں آزماتی ہے کیا کیا
سہیلی پہیلی بُجھاتی ہے کیا کیا

اجازت نہیں ہے جسے دیکھنے کی
اُسی کی طرف آنکھ جاتی ہے کیا کیا

تمھیں مسکراتے ہوئے دیکھتے ہیں
تو دل کی کلی مسکراتی ہے کیا کیا

فلک جگمگاتا ہے کیا کیا ستارے
زمیں لالہ و گُل کِھلاتی ہے کیا کیا

کوئی ماہرِ فن نہیں ہوں میں پھر بھی
مجھے اُس کی تصویر بھاتی ہے کیا کیا

وہ کہتے ہیں اپنی نہ سُنتے ہیں میری
مرے ساتھ بے التفاتی ہے کیا کیا

بہت کچھ دِکھایا ہے خوش قسمتی نے
نہ معلوم آگے دِکھاتی ہے کیا کیا

کوئی ایک لغزش، کوئی ایک غفلت
شعورؔ آدمی کو رُلاتی ہے کیا کیا

وہ تو کہیے کہ عجب چیز ہے مے ورنہ شعورؔ
کب نصیحت نہیں فرماتے بہی خواہ مجھے

کٹ گئی عمرِ رَواں پیٹ کا دوزخ بھرتے
پیار کا وقت میسّر نہ ہوا آہ مجھے

ایک وہ چیز فراہم ہو ضیافت میں تو پھر
اور چیزوں سے نہ رغبت ہے نہ اکراہ مجھے

چشمِ بینا کو ضرورت نہیں قندیلوں کی
ہیں برابر شبِ تاریک و شبِ ماہ مجھے

میں کسی بات سے کرتا نہیں آگاہ مجھے
عافیت کی نظر آتی ہے یہی راہ مجھے

نہ تنہائی نہ محفل مانگتا ہے
نہ جانے کیا مرا دل مانگتا ہے

قرار وقول کیسے زندگی میں
تعلّق یا سلاسل مانگتا ہے

نہیں آساں کسی کا ساتھ دینا
یہ کام ایثارِ کامل مانگتا ہے

محبّت میں مقام آتے ہیں وہ بھی
کہ سینہ دل نہیں، سل مانگتا ہے

تمھیں، جو بھیڑ میں سب سے الگ ہو
شعورؔ اپنے میں شامل مانگتا ہے

کون سا خوب رُو نہیں ملتا
دہر میں ایک تُو نہیں ملتا

اتّفاقاً کہیں وہ ملتا ہے
سو بھی بے جستجو نہیں ملتا

اِس طرح آدمی کو حق اپنا
اے مرے نرم خُو! نہیں ملتا

وہ مئے آتشیں نہیں ملتی
وہ لبِ مُشک بُو نہیں ملتا

آدمی کو مثالیہ اپنا
نہیں ملتا، کبھو نہیں ملتا

کوئی اِس عالمِ تغیّر میں
عمر بھر ہو بہو نہیں ملتا

وہ تو ملتا ہے صبح و شام مگر
موقعِ گفتگو نہیں ملتا

اب کسی آنکھ کے صدف میں شعورؔ
گوہرِ آبرو نہیں ملتا

❋

سلوک اُس نے کیا مہربانیوں جیسا
یہ اتّفاق ہے بالکل کہانیوں جیسا

ہماری خاک تو شاید جہاں میں فانی ہے
مگر خمیر ہے کچھ غیر فانیوں جیسا

بڑا مکان بھی کوئی مکان ہوتا ہے
میں کائنات میں ہوں لامکانیوں جیسا

غموں میں عمر گزاری تمھارے ساتھ مگر
سُرور و کیف رہا شادمانیوں جیسا

شعورؔ! شام و سحر کا حساب مت مانگو
کہ ساعتوں کا گزرنا ہے ثانیوں جیسا

رکھے ہم نے اُس جانِ افسانہ سے
مراسم حقیقت پسندانہ سے

میں کتنا وفادار ہوں، پوچھ لو
غزالہ سے، طلعت سے، دردانہ سے

کبھی سر کو بھاری نہ ہونے دیا
فقیروں نے اورنگِ شاہانہ سے

میں اک ساغرِ مَے ہوں چھوٹا ہُوا
کسی دستِ بدمستِ مے خانہ سے

جنھیں ہم دباتے رہے، ہائے ہائے
وہ معصوم جذبے شریفانہ سے

سَروں کے سمندر کی کُل کائنات
فقط کچھ مقولے حکیمانہ سے

شعورؔ آدمی پارسا ہے مگر
خیالات رکھتا ہے رِندانہ سے

جاگیر اور ہماری کیا تھی
یا سپنا تھا یا آشا تھی

مَن آنگن میں چاند نہیں تھا
رات کی رانی البتّہ تھی

سب جب گہری نیند میں گُم تھے
روشن شمعِ دلِ بینا تھی

ایک ملاقات اُس نے کی ہے
وہ بھی وعدے کا ایفا تھی

رات شعورؔ کے دل کی حالت
اس کے چہرے سے افشا تھی

بُری عادتوں سے نکلنا تو ہے
مجھے اک نہ اک دن سنبھلنا تو ہے

نصیحت کی گولی ہے کڑوی مگر
مرض کی دوا ہے، نِگلنا تو ہے

اگر زندگی کے چراغاں کا میں
دِیا ہوں تو تا صبح جلنا تو ہے

وہ پتّھر نہیں، آدمی ہے اُسے
مرے بازوؤں میں پگھلنا تو ہے

غلط ہم سفر منتخب کر لیا
بہر حال اب ساتھ چلنا تو ہے

محبّت دوئی رہنے دیتی نہیں
ہمیں ایک سانچے میں ڈھلنا تو ہے

خیالات پر لاکھ پہرے بٹھاؤ
اُنھیں پُھولنا اور پَھلنا تو ہے

جو گلیوں گھروں میں نظر بند ہے
سَروں کا وہ سیلاب اُبلنا تو ہے

کوئی پھول، کوئی کلی توڑنا
بہ الفاظِ دیگر مَسلنا تو ہے

بڑا تیر مارا ہے تُو نے شعورؔ
ترا نامِ نامی اُچھلنا تو ہے

میرا حصّہ مجھے نہیں پہنچا
کچھ کہیں اور کچھ کہیں پہنچا

جو مسافر جہاں سے آیا تھا
آخرِ کار وہ وہیں پہنچا

نرم سبزہ زمیں کے اندر سے
کس طرح برسرِ زمیں پہنچا

میں کہیں خود نہیں گیا اُٹھ کر
جو پہنچنا تھا وہ یہیں پہنچا

اور کیا چاہیے شعورؔ تمھیں
تحفۂ جامِ انگبیں پہنچا

بُرا بن کے دیکھوں، بھلا بن کے دیکھوں
سبھی کچھ اضافی ہے، کیا بن کے دیکھوں

اِسی طور کچھ بے نیازی ہے ممکن
خدائی کی حالت خدا بن کے دیکھوں

چُھپانے سے چُھپتا نہیں کچھ لٰہذا
جو بَننا ہے وہ بَرملا بن کے دیکھوں

ملاقات کا لطف جب ہے کہ میں بھی
یہ نا دیدنی تیسرا بن کے دیکھوں

وفادار بن کے تو کیا کیا نہ دیکھا
شعورؔ اب ذرا بے وفا بن کے دیکھوں

صِرف ایک جستجو ہے جہاں آگیا ہوں میں
یہ کون سی جگہ ہے، کہاں آگیا ہوں میں

گُم اس لیے نہیں ہوں کہ رَستہ مِلا نہیں
رَستہ رہا نہیں ہے، وہاں آگیا ہوں میں

محتاجِ التجا نہیں ہوتا کوئی سخی
بس حال چال کرکے بیاں آگیا ہوں میں

مشکل تھا زندگی کی کڑی دھوپ کاٹنا
ہمراہِ بوستاں بدَناں آگیا ہوں میں

روز ایک ہی نظارہ کہاں تک کرے کوئی
آج اور دیکھنے یہ سماں آگیا ہوں میں

پڑھنے سے روکتے تھے یقین و گماں شعورؔ
مکتب میں بے یقین و گماں آگیا ہوں میں

میں ستارہ یا دیا ہوں طاق کا
اک کھلونا ہوں اِسی آفاق کا

کون کھولے دفترِ دل کی تہیں
کوئی مجموعہ نہیں اوراق کا

زندگی کی ترجمانی کام ہے
ذہنِ پُر اندیشہ و خلّاق کا

رہ گیا ہے وضع کرنا کوئی توڑ
بس اجل کے پنجۂ مشّاق کا

اس زمیں پر آدمی کی زندگی
مدرسے میں وِرد ہے اسباق کا

لوگ بُھوکے مر رہے ہیں خود مگر
نام رُسوا ہے کسی رزّاق کا

تم سے اچّھے لوگ بھی ہیں شہر میں
دھیان رکھنا دیدۂ مشتاق کا

بیٹھتے ہیں بزم میں تنہا شعورؔ
پوچھنا کیا آپ کے اخلاق کا

کچھ بھی مری آنکھوں کو سُجھائی نہیں دیتا
جب سے تجھے دیکھا ہے، دِکھائی نہیں دیتا

اِس شور میں کیا بات سنائی نہیں دیتی
بس پیار کا اک بول سنائی نہیں دیتا

انسان کی تقدیر بدلتا ہے وہ انسان
جو نعرہ لگاتا ہے، دُہائی نہیں دیتا

میں جس کی محبّت کے مرض میں ہوں گرفتار
ہے ایک مسیحا جو دوائی نہیں دیتا

ہونٹوں میں کبھی وہ نہیں دیتا لبِ لعلیں
ہاتھوں میں کبھی دستِ حنائی نہیں دیتا

سوچوں کے دُھندلکے میں جو دیتا ہے دِکھائی
لکھتا ہوں مگر صاف لِکھائی نہیں دیتا

کیا ہم بھی بَھلائی سے نہ پیش آئیں کسی سے
بدلے میں اگر کوئی بَھلائی نہیں دیتا

ظاہر ہے شعورؔ آپ کی باتوں سے کہ اللہ
ہر شخص کے سینے کو سمائی نہیں دیتا

✻

زوالِ زندگیٔ مستعار بھی ہوگا
یہ وہ لباس ہے جو تارتار بھی ہوگا

رہے گا صِرف ترے انتظار میں کب تک
اگر کسی کو ترا اعتبار بھی ہوگا

جو لوگ آج ہمیں یاد تک نہیں آتے
کبھی اُنھی میں ہمارا شمار بھی ہوگا

ہمارے باغ میں جس طرح اور موسم ہیں
اِسی طرح کوئی موسم بہار بھی ہوگا

شعورؔ کوئی شکایت فضول ہے اُس سے
وہ کیا کرے گا جو اب شرم سار بھی ہوگا

پرانے پگھلتے چلے جائیں گے
نئے دِیپ جلتے چلے جائیں گے

وہ پھولوں کو دیکھیں گے ہنستے ہوئے
تو سبزہ کچلتے چلے جائیں گے

مرے کام ٹلتے چلے آئے ہیں
مرے کام ٹلتے چلے جائیں گے

نمی سے بچا کر نہ رکھّے گئے
تو مکتوب گلتے چلے جائیں گے

کبھی کچھ ملے گا بھی داتا ہمیں
کہ بس ہاتھ ملتے چلے جائیں گے

اگر پینے والے کھڑے ہوسکے
تو گرتے سنبھلتے چلے جائیں گے

جو بیٹھے تو بیٹھے رہیں گے شعورؔ
چلیں گے تو چلتے چلے جائیں گے

❋

ہوگا زوالِ مہرِ جہاں تاب ایک دن
پہنچے گا اختتام کو یہ باب ایک دن

ہے زندگی وہ جرم جو ہوتا نہیں معاف
ہونا ہے مجرموں کو سزایاب ایک دن

عادت ابھی سے صبر کی اپنا، کہ صبر ہی
کرنا پڑے گا اے دلِ بے تاب ایک دن

پُرزے اُڑا رہے ہیں مگر بدگماں نہ ہو
گاڑیں گے اپنے ہاتھ سے احباب ایک دن

تج دے، نہیں تو چھین لیا جائے گا شعورؔ
یہ مال، یہ منال، یہ اسباب ایک دن

اب مجھے انتظار سا کیوں ہے
اُس پہ یہ اعتبار سا کیوں ہے

بے اِرادہ بھی دیکھنا اُس کا
اُس کے قول و قرار سا کیوں ہے

کیوں ہے ہونٹوں پہ مسکراہٹ سی
اور آنکھوں میں پیار سا کیوں ہے

ایک ہی آدمی مرے حق میں
پھول سا کیوں ہے، خار سا کیوں ہے

آنکھیں بھیگی ہوئی سی کیوں ہیں شعورؔ
اور منہ پر غُبار سا کیوں ہے

✵

هم نشینانِ مئے ناب کہاں کھو گئے ہیں
میرے ساتھی مرے احباب کہاں کھو گئے ہیں

آسماں بھی ہے وہی اور زمیں بھی ہے وہی
گل کہاں کھو گئے ، مہتاب کہاں کھو گئے ہیں

وہ قد و قامت و پیشانی و چشم و ابرو
وہ لب و عارضِ شاداب کہاں کھو گئے ہیں

خوش نما ہیں یہ فلک بوس عمارات مگر
وہ چمن اور وہ تالاب کہاں کھو گئے ہیں

اجنبی لوگ بھی اپنوں کی طرح ملتے تھے
اب وہ اخلاق، وہ آداب کہاں کھو گئے ہیں

ہم جنھیں دیکھنے تقریب میں جا بیٹھتے تھے
وہ خواتین، وہ اصحاب کہاں کھو گئے ہیں

زندگی نام نہیں صرف جیے جانے کا
میرے آدرش مرے خواب کہاں کھو گئے ہیں

ہر مسافر نظر آتا ہے تہی دست شعورؔ
مال کیا ہو گئے، اسباب کہاں کھو گئے ہیں

شعورؔ اب اِس جہاں سے جا رہا ہے
مسافر کارواں سے جا رہا ہے

بدن سے جارہی ہے روح یعنی
مکیں اپنے مکاں سے جا رہا ہے

سجا رکھّا ہے مقتل زندگی نے
جسے دیکھو یہاں سے جا رہا ہے

سبھی حیرت زدہ ہیں، کس سے پوچھوں
جہاز اپنا کہاں سے جا رہا ہے

نہ رم جھم ہو رہی ہے سائباں پر
نہ بادل آسماں سے جا رہا ہے

شعورؔ اچّھی طرح نظّارہ کر لو
یہ موسم گلستاں سے جا رہا ہے

دل آرام کیے جاتا ہے
صبح و شام کیے جاتا ہے

کوئی فرشتہ سا کانوں میں
کچھ الہام کیے جاتا ہے

کیا خاموش نہیں رہ سکتا
کیوں کہرام کیے جاتا ہے

لمحہ لمحہ راز ابد کا
طشت از بام کیے جاتا ہے

ہم کس گِنتی میں ہیں لیکن
وہ انعام کیے جاتا ہے

دل، دنیا کے کاموں میں بھی
اپنا کام کیے جاتا ہے

بات کہاں کرتا ہے شعورؔ اب
خالی جام کیے جاتا ہے

کیا بیاباں میں گھر کر لیا ہے
تم نے خود کو کھنڈر کر لیا ہے

غیر ممکن نہ تھا ڈھونڈ لینا
صبر میں نے مگر کر لیا ہے

رہ گئی ہے طلب دیکھنے کی
مدّعا مختصر کر لیا ہے

پیار کے ساتھ کارِ جہاں بھی
اکثر و بیشتر کر لیا ہے

اُس سے مِل کر تو اپنے کو میں نے
اور زیر و زبر کر لیا ہے

مشورہ مانگ کر کیا کرو گے
فیصلہ ہی اگر کر لیا ہے

جانے کیوں خود کو اہلِ خبر نے
بے خبر بے خبر کر لیا ہے

سر اُٹھاؤ شعورؔ اُلجھنوں سے
صبح کو دوپہر کر لیا ہے

جو سینہ سِپر ہو جاتے ہیں
وہ مر کے امر ہو جاتے ہیں

گُم اکثر لوگ کہیں تجھ میں
اے راہ گزر! ہو جاتے ہیں

دنیا میں جدھر چلتی ہے ہَوا
ہم لوگ اُدھر ہو جاتے ہیں

آنسو تو اندھیری راتوں میں
خورشید و قمر ہو جاتے ہیں

اسبابِ سفر کی کیا پروا
اسبابِ سفر ہو جاتے ہیں

ظالم نہیں ہوتے شانت کبھی
مظلوم مگر ہو جاتے ہیں

زنداں میں ہَوا کیا آتی ہے
وا خلد کے دَر ہو جاتے ہیں

کافی ہے غزل میں شعر اچّھے
دوچار اگر ہو جاتے ہیں

آخر یہ سب موجود شعورؔ
معدوم کدھر ہو جاتے ہیں

کئی مرحلے اور سر کرنے ہیں
ابھی تو بہت سے سفر کرنے ہیں

ارادہ ہی بنیاد ہے کام کی
ارادے بہت سوچ کر کرنے ہیں

کرو گے کبھی ترک بھی تاک جھانک
کہ یہ سلسلے عمر بھر کرنے ہیں

سِتم ہے کہ دنیا کے کتنے ہی کام
ضروری نہیں ہیں مگر کرنے ہیں

محبّت طوالت کی قائل نہیں
سوالات کچھ مختصر کرنے ہیں

بہت سخت موسم ہے لیکن شعورؔ
کسی طور یہ دن بسر کرنے ہیں

وہ جس کی اتنی دھوم ہے سارے جہان میں
ہے بھی کہیں زمین پہ یا آسمان میں

یہ داستاں اگرچہ ہے ناقابلِ یقیں
کوئی مبالغہ نہیں میرے بیان میں

وہ ہاتھ میرے ہاتھ میں آیا تو دفعتہً
اک سنسنی سی دوڑ گئی جسم و جان میں

دیکھے ہیں میں نے لطف اُٹھاتے ہوئے پرند
نیچی اُڑان میں کبھی اُونچی اُڑان میں

مانا کہ جانتے ہیں تمھاری زبان ہم
کب گفتگو کرو گے ہماری زبان میں

حالات سازگار ہوں، ناساز گار ہوں
پڑنے دیا نہ فرق کبھی آن بان میں

اپنا خیال کیوں تمھیں آتا نہیں شعورؔ
رہتے ہو کھوئے کھوئے کسی اور دھیان میں

✻

بے زبانی، سوال ہے میری
قدرتی عرضِ حال ہے میری

کوئی دیوانگی نہیں ہے یہ
حالتِ اعتدال ہے میری

کھو گیا ہوں کہیں محبّت میں
بازیابی محال ہے میری

لوگ صدموں سے مر نہیں جاتے
سامنے کی مثال ہے میری

پہلے تم دیکھتے شعورؔ اب تو
کچھ طبیعت بحال ہے میری

سامنے آکر وہ کیا رہنے لگا
گھر کا دروازہ کُھلا رہنے لگا

پہلے بُجھتا ہی نہ تھا دل کا دِیا
بعد میں اکثر بُجھا رہنے لگا

پاس رہنے سے تو اپنے درمیاں
جیسے کوئی فاصلہ رہنے لگا

درد کی دولت ملی تو رات دن
ایک دھڑکا سا لگا رہنے لگا

گاہے گاہے کوئی آتا تھا یہاں
پھر برابر جمگھٹا رہنے لگا

دل میں تھا ہی کیا مگر دل کے بغیر
اور سینے میں خلا رہنے لگا

اتّفاقی شوق تھا پہلے شعورؔ
پھر مسلسل رَت جگا رہنے لگا

وطنِ عزیز میں بھی مری زندگی سفر ہے
کبھی اِس گلی میں گھر ہے، کبھی اُس گلی میں گھر ہے

ابھی چند روز پہلے سرِ راہ مِل گئے تھے
مرا اُن سے واسطہ اب کوئی ہے تو اِس قدر ہے

بڑے ہجر کاٹ کر ہم بہم اِس طرح ہوئے ہیں
نہ تجھے کوئی پتہ ہے نہ مجھے کوئی خبر ہے

شبِ وصل مانگتی ہے شبِ ہجر کی طوالت
مرے حوصلے بہت ہیں، مری عمر مختصر ہے

فقط اپنی اپنی دُھن میں سبھی مست ہوں، مگن ہوں
تو شعورؔ کس سے پوچھوں کہ یہ بَن ہے یا نگر ہے

بیابان ہوں یا سمندر ہوں میں
وہی سامنے ہوں جو اندر ہوں میں

ستارے لگاتار گردش میں ہیں
کبھی خشک ہوں میں، کبھی تر ہوں میں

خدارا نہ کھلواؤ میری زباں
شکایات کا ایک دفتر ہوں میں

میسّر ہے کونین سا گھر مجھے
مگر تم نہیں ہو تو بے گھر ہوں میں

کُھلی ہے مری آنکھ جس روز سے
کسی جستجو میں برابر ہوں میں

نہ جانے وہ رنگت ہے یا روشنی
اُسے جب سے دیکھا ہے، ششدر ہوں میں

سمجھتے ہیں وہ میری فریاد پر
نوا کر رہا ہوں، نواگر ہوں میں

کہاں سہل اُس تک پہنچنا شعورؔ
ہَوا میں نہیں ہوں، زمیں پر ہوں میں

کیوں کہ اب کوئی تعلّق نہیں تیرا میرا
اس لیے شام ہے میری نہ سویرا میرا

میں نے دروازہ کُھلا چھوڑ دیا تھا لیکن
پھر کبھی لَوٹ کے آیا نہ لُٹیرا میرا

کون سا وقت گزرتا نہیں پھیرے کرتے
اور خالی نہیں جاتا کوئی پھیرا میرا

نگرانی کی ضرورت نہیں اے دیدۂ دوست
اپنے اطراف بہت تنگ ہے گھیرا میرا

آپ کے بعد مسافر نہیں آیا کوئی
آپ کے بعد سے ویران ہے ڈیرا میرا

چاند سے کوئی سروکار نہ سورج سے شعورؔ
ہے مرا مونس و دَم ساز اندھیرا میرا

نہ میں فرشتہ نہ فطرت ہے ناصحانہ مری
شعورؔ! تم سے گزارش ہے دوستانہ مری

خدا یہ باغ سلامت رکھے ہَواؤں سے
لچک رہی ہے بہت شاخِ آشیانہ مری

جو مہ وشوں کے لیے شاعروں کی ہوتی ہے
ترے لیے ہے وہی رائے منصفانہ مری

نہ دن کو رات کی پروا، نہ رات کو دن کی
گزر رہی ہے نہایت قلندرانہ مری

میں بار بار جو مرتا ہوں اور جیتا ہوں
یہ زندگی سے ہے چشمک معاصرانہ مری

کتاب آنکھ کے نزدیک سے نہیں پڑھتے
کرے گا قدر مرے بعد ہی زمانہ مری

جو میرا حال ہے وہ میں ہی جانتا ہوں شعورؔ
اگرچہ شہر میں شہرت ہے حاسدانہ مری

مجھے اک گمان سا ہے
کہ وہ مہربان سا ہے

مرے شہرِ دل میں اُس کا
کہیں اک مکان سا ہے

نہیں آسمان اوپر
فقط آسمان سا ہے

مرے ساتھیوں کا حلقہ
مرا خاندان سا ہے

ہے کہیں جہان کوئی
جو ترے جہان سا ہے

کوئی ہاتھ میرے سر پر
کسی سائبان سا ہے

مرا آپ کا تعلّق
بدن اور جان سا ہے

بخدا گروہِ آدم
بڑا بے زبان سا ہے

ابھی اے شعورؔ مجھ میں
کوئی نوجوان سا ہے

گُل زار میں نہیں ہے، بازار میں نہیں ہے
تیرا اُپائے اے دل سنسار میں نہیں ہے

ایک آپ میں نہیں ہے ہمدردی و مروّت
کس دوست میں نہیں ہے، کس یار میں نہیں ہے

دوچار کو نہیں ہم لاکھوں کو جانتے ہیں
لاکھوں میں ایک ہے وہ، دو چار میں نہیں ہے

ہم نے بڑے بڑوں کو دیکھا ہے ہاتھ مَلتے
ہر کام میں زیاں ہے بس پیار میں نہیں ہے

اب اے شعورؔ کچھ دن خاموش رہ کے دیکھو
جو بات ضبط میں ہے، اِظہار میں نہیں ہے

ہم رکاب و ہم سفر کوئی نہ تھا
اے وفا کی رہ گزر! کوئی نہ تھا

راستے میں ایک آواز آئی تھی
مُڑ کے دیکھا تھا مگر کوئی نہ تھا

کوئی ہوتا تو رُلاتا اس طرح
چشمِ تر! اے چشمِ تر! کوئی نہ تھا

کاش ہو جاتی ملاقات آپ سے
اتّفاقاً رات گھر کوئی نہ تھا

ٹکٹکی باندھے اُسے تکتا رہا
گو مرے پیشِ نظر کوئی نہ تھا

رات آلودہ تھا ہر دامن مگر
محتسب آیا تو تر کوئی نہ تھا

میری تنہائی کا ساتھی شہر میں
جانتا ہے شہر بھر، کوئی نہ تھا

آپ کے ہونٹوں سے نِکلا تھا مگر
خوش ہمارے نام پر کوئی نہ تھا

چھیڑ دی کیوں داستانِ دل شعورؔ
کیا فسانہ مختصر کوئی نہ تھا

طرب گاہیں نہیں لگتی ہیں، ماتم خانے لگتے ہیں
اکیلے آدمی کو شہر بھی ویرانے لگتے ہیں

مرے بارے میں لوگ اپنی طرف سے کچھ نہیں کہتے
تمھارے منہ سے جو سنتے ہیں وہ دُہرانے لگتے ہیں

کسی کو کیا یقیں ہو میری رودادِ جوانی پر
مجھے بھی اب وہ سارے واقعے افسانے لگتے ہیں

اُسے فرصت نہیں مِلتی ہمارے پاس آنے کی
تو ہفتے ڈیڑھ ہفتے بعد ہم خود جانے لگتے ہیں

شعورؔ اوروں کے نیک و بد سے آخر آپ کو کیا ہے
اِسے سمجھانے لگتے ہیں، اُسے سمجھانے لگتے ہیں

بھٹکنے دو، روانہ کیوں کیا تھا
مجھے بے آشیانہ کیوں کیا تھا

کسی دن چھوڑ دینا تھا یہ رَستہ
تو اتنا آنا جانا کیوں کیا تھا

ہمارے عشق کا انجام سُن کر
یہ کہتا ہے زمانہ، کیوں کیا تھا

بِچھڑنا تھا اگر منزل پہ آکر
سفر شانہ بہ شانہ کیوں کیا تھا

بسانا تھا تمھیں ویرانہ کوئی
تو بستی میں ٹھکانا کیوں کیا تھا

نہ جانے کار فرمائے جہاں نے
کھڑا یہ کارخانہ کیوں کیا تھا

حیا آتی ہے میرا نام سُن کر
تو رُسوائے زمانہ کیوں کیا تھا

تمھیں انور شعورؔ آخر خدا نے
ہزاروں میں یگانہ کیوں کیا تھا

تری صبحِ صورت نِکل آئے گی
تو راتوں کی قیمت نِکل آئے گی

بچھڑنے سے پہلے نہ معلوم تھا
کہ قربت محبّت نِکل آئے گی

اگر آنکھ کی شمع روشن رہی
سبیلِ زیارت نِکل آئے گی

تمھاری گلی سے بھَلا زندگی
صحیح و سلامت نِکل آئے گی

نہ کر پُرسشِ حال اے مہرباں
زباں پر شکایت نِکل آئے گی

شعورؔ ایک بار اُس کا خط پھر پڑھو
کلیدی عبارت نِکل آئے گی

مجھے وہ شخص کہیں چھوڑ کر نہیں جاتا
میں چاہتا ہوں کہ جائے، مگر نہیں جاتا

میں پورے دن کی غلامی کے بعد دفتر سے
کسی بہشت میں جاتا ہوں، گھر نہیں جاتا

ستا رہی ہے مجھے زندگی بہت لیکن
کوئی کسی کے ستانے سے مر نہیں جاتا

تمام وقت ٹہلتے ہوئے گزرتا ہے
قفس میں بھی مرا شوقِ سفر نہیں جاتا

خیال پیش کرو بے جھجک شعورؔ اپنا
کوئی خیال کبھی بے اثر نہیں جاتا

بُرا ہو خواہ اچّھا، دیکھتا ہوں
دِکھاتی ہے جو دنیا، دیکھتا ہوں

مسیحا دیکھتا ہے نبض میری
تو میں شکلِ مسیحا دیکھتا ہوں

مجھے تحریف کی عادت نہیں ہے
دِکھا دیتا ہوں، جیسا دیکھتا ہوں

جو شے ممنوع ہے، الحمدللہ
اُسی کا دَور دَورہ دیکھتا ہوں

کبھی میں دیکھتا ہوں اُس کی صورت
کبھی اُس کا سراپا دیکھتا ہوں

نہیں کرتا شکایت ہر کسی سے
شعورؔ اپنا پرایا دیکھتا ہوں

وہ مجھے کج ادا بھی لگتا ہے
دلکش و دلرُبا بھی لگتا ہے

بات کیا ہو کہ ناگوار اُسے
کیوں بھی لگتا ہے، کیا بھی لگتا ہے

ساتھ چلتا ہُوا مجھے خود میں
کوئی اپنے سِوا بھی لگتا ہے

اجنبی ہے مگر نہ جانے کیوں
وہ مجھے آشنا بھی لگتا ہے

لاکھ اُونچائی پر کھڑا ہو جائے
کوئی بونا بڑا بھی لگتا ہے؟

جبر جائز نہیں محبّت میں
اور بے فائدہ بھی لگتا ہے

وہ کسی شام اِس طرف آجائے
تو یہ منظر نیا بھی لگتا ہے

اے میاں! عِلم ہی نہیں کافی
عشق میں تجربہ بھی لگتا ہے

مفت بھی ہے لباسِ عریانی
اور مجھ پر بَھلا بھی لگتا ہے

دل کہ سینے میں کانچ سا ہے شعورؔ
ٹُوٹتا پُھوٹتا بھی لگتا ہے

ساتھی ہیں لوگ باگ تو نفرت کے باوجود
ہم اور تم الگ ہیں محبّت کے باوجود

مت پوچھیے کہ پیش کشیں کس قدر ہوئیں
بیچا نہیں ضمیر ضرورت کے باوجود

دوری کے باوجود وہ ہوتا نہیں جدا
بنتا نہیں رفیق رفاقت کے باوجود

خود دار آدمی کو کوئی پوچھتا نہیں
محنت کے باوجود، مہارت کے باوجود

جس شام اتّفاق سے وہ ہم نشیں نہ ہو
پیتا نہیں شراب مَیں عادت کے باوجود

اُس کے بغیر لطفِ سیاحت کہاں شعورؔ
رنگینیٔ مناظرِ فطرت کے باوجود

❋

کچھ کہو گے نہ کچھ سُنو گے تم
خود مرا حال جان لو گے تم

آج تو مِل گئے ہو رَستے میں
اب دوبارہ کہاں مِلو گے تم

دہر میں لاکھ انقلاب آئیں
ذہن و دل سے بَھلا مِٹو گے تم

پاس رہتے ہوئے تو ناخوش ہو
دُور کس طرح خوش رہو گے تم

دیکھنا چاہتا ہوں میں آگے
سامنے سے ذرا ہٹو کے تم؟

مجھ سے وعدہ کرو شعورؔ کہ پھر
یوں نہ جذبات میں بہو گے تم

بیابان و گُل زار دے دو مجھے
یہ دھرتی، یہ سَنسار دے دو مجھے

پُرووُں گا گجرا کسی کے لیے
یہ پھول اور یہ خار دے دو مجھے

کھلونے بناتا ہوں میں نِت نئے
جو چیزیں ہوں بے کار، دے دو مجھے

محبّت بھی کرتا ہوں، نفرت بھی میں
کوئی ایک کردار دے دو مجھے

اُسے مصرعِ طرح سمجھوں گا میں
وہ یارِ طرح دار دے دو مجھے

مجھے تَن درستی نہیں چاہیے
دَوائے دلِ زار دے دو مجھے

ادب کون پڑھتا ہے اِس دَور میں
قلم لے کے تلوار دے دو مجھے

یہ تحفے تحائف اُٹھاؤ شعورؔ
بس اپنے کچھ اشعار دے دو مجھے

تُو نہ اُٹھ کے اگر گیا ہوتا
کون محفل سے گھر گیا ہوتا

وہ اگر چھوڑ کر چلا جاتا
کوئی احسان کر گیا ہوتا

تم نہ ہوتے تو اِس اندھیرے میں
میں بُری طرح ڈر گیا ہوتا

ہم اگر آئینہ دکھا دیتے
اُس کا چہرہ اُتر گیا ہوتا

بچ گیا ہے جو سانحہ کوئی
کاش وہ بھی گزر گیا ہوتا

اُس نے اک بات مان لی ہوتی
تو مقدّر سَنور گیا ہوتا

زہر آبِ حیات ہوتا ہے
"ورنہ سقراط مر گیا ہوتا"

ہیں فقط چار چھ جہات شعورؔ
کوئی بچ کے کدھر گیا ہوتا

✲

نواحِ دل میں عجب اک جہاں بنایا ہے
جو گھر کہیں نہ بنا، وہ یہاں بنایا ہے

اگرچہ آدمی خود کو بنا لیا ہم نے
جو چاہیے تھا بنانا، کہاں بنایا ہے

تجھے حسین بنایا ہے دستِ قدرت نے
حسین بھی مرے شایانِ شاں بنایا ہے

کسی نہیں کو بنایا ہے ہاں کبھی اُس نے؟
ہزار بار بنایا ہے ہاں بنایا ہے

اِسی زمین، اِسی آسماں کو ہم نے شعورؔ
نئی زمین، نیا آسماں بنایا ہے

خورشید آرہا ہے اندھیرے کے دام میں
مت پوچھ کس بلا کی اداسی ہے شام میں

ان کی ملامتوں کے ہزاروں جواب ہیں
ہم کھولتے نہیں ہیں زباں احترام میں

خالی ہے جام اور صراحی بھری ہوئی
اے میزباں! انڈیل صراحی سے جام میں

ہوتا ہے ایک آخری ہچکی کا فاصلہ
انساں کی عمرِ فانی و عمرِ دوام میں

وعدے کا اعتبار نہیں ہے ہمیں مگر
مصروف ذوق و شوق سے ہیں اہتمام میں

جن کا کلام دل میں اترتا ہو آج کل
دو چار نام ہیں شعرائے کرام میں

کیوں آپ نے وظائف و لذّات کو شعورؔ
تقسیم کر دیا ہے حلال و حرام میں

❁

نہ روکے کوئی رہ گزر میں مجھے
مزا آرہا ہے سفر میں مجھے

یہ عمر، اور جینا بھی مرنا بھی ہے
اِسی مدّتِ مختصر میں مجھے

مری انگلیوں پر ہیں سیّارگاں
رکھو لحظہ لحظہ نظر میں مجھے

نہ جانے لگیں اور کتنی شبیں
ابھی اہتمامِ سحر میں مجھے

جو دیکھا تو کوئی بشر دوسرا
دکھائی دیا ہر بشر میں مجھے

تمھیں خط میں کیا اپنی حالت لکھوں
پڑھو گے کسی دن خبر میں مجھے

اکابر کو دیکھا تو ایک انکسار
مِلا اکثر و بیشتر میں مجھے

یہ خستہ لفافے، یہ تیرے خطوط
نوادر ملے ہیں کھنڈر میں مجھے

کہیں تو مِلے چھاؤں یا چھت شعورؔ
بیابان میں یا نگر میں مجھے

لوگ کیا کیا کہا نہیں کرتے
ہم مگر دل بُرا نہیں کرتے

حُسن والوں سے کیا گلہ کرنا
حُسن والے سنا نہیں کرتے

انتہا خود رقیب نے کی تھی
ورنہ ہم ابتدا نہیں کرتے

وہ مخاطب ضرور ہوتے ہیں
آمنا سامنا نہیں کرتے

کوئی اُن کا بھَلا بھی کرتا ہے
جو کسی کا بھَلا نہیں کرتے

جیت لیتے ہیں دل غزالوں کے
کرنے والے بھی کیا نہیں کرتے

اچّھی باتیں مِٹا نہیں کرتیں
اچّھے انساں مَرا نہیں کرتے

چل کے دیکھیں شعورؔ! وہ ہم سے
بات کرتے ہیں یا نہیں کرتے

نہ پوچھو مری حسرتِ آشنائی
کہ ہُوں ایک بدقسمتِ آشنائی

نہیں سیم و زر کا تمنّائی ہرگز
مجھے چاہیے دولتِ آشنائی

تعارف کئی مہ وشوں سے ہے پھر بھی
کسی سے نہیں نسبتِ آشنائی

میں نا آشنائی سے گھبرا گیا ہوں
خدایا! کوئی صورتِ آشنائی

اکیلے میں انسان کرتا ہے باتیں
نہیں چُھوٹتی عادتِ آشنائی

کسی ایک سے آشنائی بہت ہے
مناسب نہیں کثرتِ آشنائی

رہے وہ مرے آشنا زندگی بھر
نہ آئی مگر نوبتِ آشنائی

خریدار کی جیب پر منحصر ہے
مقرّر نہیں قیمتِ آشنائی

مری طرح بے کار تھوڑی ہے کوئی
کِسے آج کل فرصتِ آشنائی

ہمارے لیے آج بھی تم وہی ہو
بدلتی نہیں فطرتِ آشنائی

عجب جامہ زیبی و خوش قامتی ہے
ز سر تا قدم دعوتِ آشنائی

مجھے مسکرا کر نہ دیکھا کرو تم
لگاتے ہیں سب تہمتِ آشنائی

وہ ملتے ہیں ستّر حجابوں میں ہم سے
نہیں چاہتے شہرتِ آشنائی

شعورؔ آؤ کوشش کریں رابطے کی
بہت ہو چکی غفلتِ آشنائی

شعورؔ! لوگ تمھارا مذاق اُڑاتے ہیں
نشہ حرام ہے اُن پر جو لڑکھڑاتے ہیں

ہمارے منہ سے نکلتی ہے بات ذومعنی
خبر نہیں کہ ہنساتے ہیں یا رُلاتے ہیں

سگانِ کوچہ کو جی بھر کے بھونک لینے دو
مرادفاتِ لغت کچھ ہمیں بھی آتے ہیں

ادب ہی شوق، ادب ہی وسیلۂ روزی
یہ بات الگ ہے، لُٹاتے ہیں یا کماتے ہیں

شعورؔ! چاہنے والی نظر نہیں چھپتی
وہ اور ہوتے ہیں بدنام جو چھپاتے ہیں

چار دن کی حیات ہے میری
کُل یہی کائنات ہے میری

میری ساری خرابیوں کی جڑ
ذاتِ والا صفات ہے میری

کم سے کم خواب دیکھ لیتا ہوں
دن سے بہتر تو رات ہے میری

روکتی ہے مجھے محبّت سے
خوب اخلاقیات ہے میری

کیا مری ذات پوچھتے ہو شعورؔ
آدمی ہوں، یہ ذات ہے میری

اگر کبھی اُسے زخمِ جگر دِکھاتا ہوں
جدھر دِکھائی نہ دے کچھ، اُدھر دِکھاتا ہوں

پرانی راہ پہ چلنا تمھیں قبول نہیں
تو آوٗ ایک نئی رہ گزر دِکھاتا ہوں

میں بولتا تو بہت ہوں مگر جو کرنا ہو
زبان سے نہیں کہتا، وہ کر دِکھاتا ہوں

ہر آنکھ دیکھنے والی نہیں ہُوا کرتی
کبھی چلو، تمھیں اہلِ نظر دِکھاتا ہوں

تجھے دِکھائی نہ دے تو مرا قصور نہیں
ہر ایک شکل تو اے چشمِ تر دِکھاتا ہوں

اُتر رہے ہیں گھروں پر بڑے عذاب شعورؔ
ثبوت میں تمھیں اپنا ہی گھر دِکھاتا ہوں

وہ سمجھتے نہیں مجھے کوئی
اِس پہ اب روئے یا ہنسے کوئی

صِرف نزدیک بیٹھ جانے سے
دُور ہوتے ہیں فاصلے کوئی

ہم گریباں بہ دست بیٹھے ہیں
باغ میں پھول تو کھلے کوئی

آپ کا انتظار بھی نہ کرے
تو کرے کیا پڑے پڑے کوئی

میں قلم کو زباں سمجھتا ہوں
شرط یہ ہے کہ سُن سکے کوئی

اے شعورؔ آپ تو بھلا کیا ہیں
پوچھتا ہے یہاں کِسے کوئی

نہ پوچھ مجھ سے مرے دل رُبا کے بارے میں
میں کیا بتاؤں اب اُس بے وفا کے بارے میں

سفر کے وقت ذرا احتیاط بہتر ہے
کسی خضر کے، کسی رہنما کے بارے میں

نہ کوئی عِلم ہمیں انتہا کی بابت ہے
نہ جانتے ہیں ابھی ابتدا کے بارے میں

تمام دیکھنے والوں کی رائے یکساں ہے
تمھارے شہر کی آب و ہَوا کے بارے میں

اُٹھے نہ صبح سویرے کوئی تو کیا جانے
نسیم کے متعلق، صبا کے بارے میں

خدا کے ماننے والوں کے پاس بھی شاید
کوئی دلیل نہیں ہے خدا کے بارے میں

عمل کرو تو عموماً قبول ہوتی ہے
یہ تجربہ ہے ہمارا دُعا کے بارے میں

مرا دماغ بُری طرح گھوم جاتا ہے
میں سوچتا ہوں جب ارض و سما کے بارے میں

سخن سراؤں نے کیا کیا سخن نہیں باندھے
تمھارے ناز، تمھاری ادا کے بارے میں

ہُوا ہے تجھ سے صداقت کا ارتکاب شعورؔ
کچھ احتمال نہیں اب سزا کے بارے میں

شور غل میں سنا نہیں جاتا
ورنہ کیا کیا کہا نہیں جاتا

کون سا پارسا زمانے کا
اُس گلی میں بھَلا نہیں جاتا

اب تو اُس بارگاہ تک برسوں
تذکرہ تک مرا نہیں جاتا

اُس کا درباں جسے اجازت دے
کوئی اُس کے سِوا نہیں جاتا

رائگاں صاحبِ وفا کا خون
اے مرے بے وفا! نہیں جاتا

ساتھ رکھتا نہیں وہ شخص شعورؔ
اور اکیلے رہا نہیں جاتا

جہاں اب کارخانہ ہے وہاں تالاب تھا پہلے
جہاں بازار ہے، اک خطّۂ شاداب تھا پہلے

جہاں اب ایک سرکاری عمارت کا احاطہ ہے
وہاں دیوار تھی پہلے نہ کوئی باب تھا پہلے

کھڑا ہے نیم کا جو پیڑ اب تصویر کی صورت
یکے از محرمانِ حلقۂ احباب تھا پہلے

نظر آتا ہے اب سڑکوں پہ اک غولِ بیابانی
یہاں ہر آدمی شائستۂ آداب تھا پہلے

جہاں اب صِرف دن ہے اور دن کا شور و ہنگامہ
یہاں اک رات تھی پہلے، یہاں اک خواب تھا پہلے

شعورؔ اب تو دَر و دیوار سے حسرت برستی ہے
نہایت پُرفضا یہ عالمِ اسباب تھا پہلے

ہم اُسے کاش رُو برُو کرتے
اور آنکھوں سے گفتگو کرتے

دوستو! میرے ساتھ یہ نیکی
تم نہ کرتے تو کیا عدو کرتے

ہم سے پوچھے کوئی پتہ اُس کا
عمر گزری ہے جستجو کرتے

کیسے میرے بیان کی تردید
اُن کے لبہائے مشکبو کرتے

اے شعورؔ آسمان ہِل جاتا
ہم جو بے اختیار ہُو کرتے

نہ لینے دیا چین غم نے کبھی
بڑے خواب دیکھے تھے ہم نے کبھی

کھڑا ہے یہ کون اک طرف بھیڑ میں
نہ دیکھا اِدھر محترم نے کبھی

ستایا نہ اہلِ خرابات کو
سوالِ وجود و عدم نے کبھی

مجھے خود شناسی سے غافل رکھا
خدا نے کبھی تو صنم نے کبھی

شعورؔ انگلیوں تک کی پروا نہ کی
بڑے صاحبانِ قلم نے کبھی

فائدہ کیا کسی بہانے سے
بات چُھپتی نہیں چُھپانے سے

گوشہ گیری ہزار بہتر ہے
ملنے جُلنے سے، آنے جانے سے

گانا آتا ہو یا نہ آتا ہو
خوشی ہوتی ہے گُنگنانے سے

من چمن کی بہار ہے مشروط
ترے آنے، ترے نہ آنے سے

تم بَھلا باز آنے والے ہو
جانتا ہوں تمھیں زمانے سے

اے شعورؔ آپ کی سی صورت بھی
اچّھی لگتی ہے مسکرانے سے

نہ معلوم کیا بات اچّھی لگی
بس اُن سے ملاقات اچّھی لگی

محبّت میں کیا فرق دن رات کا
دن اچّھا لگا، رات اچّھی لگی

یہ دو چار دن کاٹنے کے لیے
فضائے خرابات اچّھی لگی

تری یاد میں شب گزر جائے گی
یہ نعمت مرے ہات اچّھی لگی

نہ بھائے کبھی شجرہائے نسب
اک انسان کی ذات اچّھی لگی

تری حیثیت کے مقابل شعورؔ
ہمیں اپنی اوقات اچّھی لگی

کیسے کیسے ٹھکانے راہ میں آئے
ہم بھٹکتے رہے سرائے سرائے

تم ہمارے سوائے سب کے ہو
ہم کسی کے نہیں تمھارے سوائے

میرا خط اُس نے کر دیا واپس
میرے تحفے کبھی نہیں ٹھکرائے

آدمی عقلِ کُل نہیں ہوتا
حرفِ آخر نہیں کسی کی رائے

تم نہیں ہو تو آج اپنے بھی
لگ رہے ہیں مجھے پرائے پرائے

کیسی گردش میں مبتلا ہیں ہم
سوچیے تو دماغ چکرا جائے

کیا شب و روز، کیا زمانے تھے
وہ شب و روز، وہ زمانے ہائے

ٹھنڈی ٹھنڈی ہوا ہے، سبزہ ہے
بادۂ ناب لگ رہی ہے چائے

اِس بھرے شہر میں مرا حصّہ
گھر کے افراد اور کچھ ہم سائے

ایسی دیوار بیٹھ جاتی ہے
جو مسافر کو سائے میں نہ بٹھائے

بعد میں ہو گئی ہمیں عادت
ابتدا میں بُری طرح گھبرائے

اُس نے دیکھا تھا التفات کے ساتھ
ہم ہی منہ پر کوئی سوال نہ لائے

مِل گیا کچھ تو لے لیا لیکن
ہاتھ ہم نے کبھی نہیں پھیلائے

اے شعورؔ آدمی وہ ہوتا ہے
جو کسی آدمی کا دل نہ دُکھائے

اگر وہ شخص ہمارے نصیب میں ہوتا
یہیں کہیں نظر آتا ، قریب میں ہوتا

نوا گری کا اثر واقعی ہُوا کرتا
تو پھول دسترسِ عندلیب میں ہوتا

اس ابتلا میں نہ رکھتا ہماری سانس بحال
ذرا جو رحم کا جذبہ طبیب میں ہوتا

رئیسِ شہر کو ملتی جو ظرف کی دولت
تو یہ غرور نہ پیدا غریب میں ہوتا

پتہ شعور کو میں نے نہیں دیا ورنہ
مری جگہ وہی بزمِ حبیب میں ہوتا

کب وہ ملتے ہیں گوشہ گیروں سے
کیا تعلّق اُنھیں فقیروں سے

ہاتھ میں ہے تمھارا مستقبل
پوچھ لو ہاتھ کی لکیروں سے

وہ بھی میری طرح اکیلے ہیں
پیار کرتا ہوں میں جزیروں سے

کوئی پوچھے مزے اسیری کے
آپ کی زلف کے اسیروں سے

”ایک دو تین چار پانچ نہیں“
میرا سینہ بھرا ہے تیروں سے

اِس طرف جاؤں؟ اُس طرف جاؤں؟
پوچھ لیتا ہوں راہ گیروں سے

مانگنے سے کبھی مِلا ہے شعورؔ؟
چھین لو مال و زر امیروں سے

نہ راتیں نہ دن یاد آیا کریں
ہم اے کاش سب بھول جایا کریں

نہیں سادگی کا یہ مطلب کہ لوگ
ہمیں دیکھ کر مسکرایا کریں

انھیں اپنے وعدے کی پَروا نہیں
ہم آنکھوں کی شمعیں جلایا کریں

جنھیں اِس طرح کوئی اُمید ہو
وہ بیٹھے نصیب آزمایا کریں

ہمارے شبستاں میں آیا کرو
تو ہم داستانیں سنایا کریں

جدائی کا غم کوئی غم ہے شعورؔ
نہ یوں آپ خود کو گھلایا کریں

ٹوٹ جاتا ہے معاً خواب مرا کوئی نہ کوئی
ہو نہ ہو، رات کو دیتا ہے صدا کوئی نہ کوئی

ہم بدلنا ہی نہیں چاہتے اپنی حالت
ورنہ ہر درد کی ہوتی ہے دوا کوئی نہ کوئی

لاکھ محتاط رہے چاہنے والا پھر بھی
ہو ہی جاتی ہے محبّت میں خطا کوئی نہ کوئی

زندگی میں مرا کردار کوئی تو کرتا
جیسے بَنتا ہے ڈرامے میں بُرا کوئی نہ کوئی

اہلِ ثروت ہی قرابت نہیں رکھتے اُس سے
ہم غریبوں کا بھی لگتا ہے خدا کوئی نہ کوئی

صلہ میری وفاؤں کا
یہی ہے تو بہت اچّھا

بہ باطن ایک شے لیکن
بظاہر مختلف اشیا

عدم بھی تو حقیقت ہے
نہ ہونا بھی تو ہے ہونا

بہت آواز دیتا ہوں
مگر کوئی نہیں سُنتا

نچھاور کائنات اُس پر
اگر ہو جائے وہ میرا

کوئی کچھ بھی کرے گھر میں
محلّے میں کسی کو کیا

محبّت میں کبھی ہم نے
نتیجے کی نہ کی پروا

شعورؔ اب کھول دو کھڑکی
دُھویں سے بھر گیا کمرہ

وہ میرے ہاں کب آتے ہیں
جب بُلواؤ تب آتے ہیں

دیر تمھیں ہو جاتی ہے تو
دل میں دھیان عجب آتے ہیں

ڈھونڈو تو ہفتوں نہیں ملتے
ویسے روز و شب آتے ہیں

جام اُٹھانے لگتا ہوں تو
یاد بہت وہ لب آتے ہیں

کھڑے کھڑے کیا آنا جانا
دُکھ ہوتا ہے جب آتے ہیں

آنکھ لگی رہتی ہے دَر پر
وہ اب آتے، اب آتے ہیں

پینے روز نہیں آتے ہم
جب ہوتی ہے طلب آتے ہیں

کون شعوؔر کے پاس آتا ہے
بس کچھ ہم مشرب آتے ہیں

وہ شخص جسم میں شامل ہے، جان میں شامل
نہیں ہے صِرف مرے خاندان میں شامل

مجھے کہاں ہے کوئی تجربہ حسینوں کا
نہیں یہ باب مری داستان میں شامل

تمھارا ہاتھ مرے ہاتھ میں نہ تھا لیکن
تمھارا دھیان رہا میرے دھیان میں شامل

تصوّرات اگر واقعات ہوتے ہیں
تو کوئی جھوٹ نہیں اِس بیان میں شامل

ہمیں یہ عِلم کہاں ہے کہ زندگی کیا ہے
پڑھے بغیر ہیں اِس امتحان میں شامل

قبولِ خاطر و لطفِ سُخن خدا جانے
ہمارا دل ہے ہماری زبان میں شامل

پڑے پڑے مجھے آتا ہے یہ خیال شعورؔ
نہیں ہے کیا مرا کمرہ مکان میں شامل

وہ مجھے ایسے مِلا جیسے مِلا کوئی نہیں
''میں نے پوچھا کون ہے؟ اُس نے کہا، کوئی نہیں''

گیلری سے جھانک کر دیکھا تھا میں نے دور تک
چاپ تو اُبھری تھی سنّاٹے میں، تھا کوئی نہیں

آشنائی جھوٹ ہے، نا آشنائی جھوٹ ہے
آشنا کوئی نہیں، نا آشنا کوئی نہیں

ذائقہ ہوتا ہے کیسا موت کے مشروب کا
پوچھتا ہر آدمی ہے، بُوجھتا کوئی نہیں

خوش خیالوں سے ملاقاتیں کریں، باتیں کریں
وقت ہو تو اِس سے عمدہ مشغلہ کوئی نہیں

ہمدم و ہمدرد لا تعداد ہیں لیکن شعورؔ
ہم زباں کوئی نہیں ہے، ہم نوا کوئی نہیں

سبھی کو دیکھتا ہوں کس یقیں سے
مرا مِلنا ہے جس جس مہ جبیں سے

نہیں پہچانتے انسان کو ہم
سفید و سرخ و زرد و گندمیں سے

اِسی دھرتی کے تم ہو رہنے والے
ہمارا بھی تعلّق ہے یہیں سے

نہیں ہے کوئی شے خالص ہماری
مِلا ہے کچھ کہیں سے، کچھ کہیں سے

شعورؔ اہلِ سخن مانیں نہ مانیں
مجھے الہام ہوتا ہے کہیں سے

✻

چاہے لگتا ہو ایک ہی جیسا
کوئی ہوتا نہیں کسی جیسا

کر دیا اُس کی بے وفائی نے
لمحہ لمحہ صدی صدی جیسا

تُو نہیں ہے تو عرصۂ آفاق
ہے مرے دامنِ تہی جیسا

گھر میں ہر وقت ساتھ رہتا ہے
ایک احساس بے گھری جیسا

یہ سحر ہے، یہ دوپہر، یہ شام
وقت بھی ہو گیا گھڑی جیسا

ہم سمجھتے ہیں اے شعورؔ اُسے
کوئی فن پارہ آدمی جیسا

تمھیں ہماری تلاش و طلب نہیں ہوتی
اِسی لیے تو ملاقات اب نہیں ہوتی

خدا گواہ کہ آبِ حیات ہوتا ہے
مرے گلاس میں بنتِ عنب نہیں ہوتی

وہ ساتھ بیٹھے ہوئے ہوں تو لوگ دیکھتے ہیں
کہ گفتگو تو کہیں زیرِ لب نہیں ہوتی

نہ آسکیں وہ ابھی تو کبھی چلے آئیں
جو اب ہماری طبیعت ہے، کب نہیں ہوتی

چھپا چکا ہوں کئی مرتبہ تری تصویر
کچھ اور سامنے ہوتی ہے، جب نہیں ہوتی

ترے بغیر کہاں صبح و شام کٹتے ہیں
اگرچہ دن نہیں ہوتا کہ شب نہیں ہوتی

فقط ستائش و تحسین پر گزارا ہے
شعورؔ قیمتِ شعر و ادب نہیں ہوتی

✻

کرتا ہے کچھ قیام مسافر کو تازہ دَم
چلتے ہوئے قیام بھی کرتے رہا کرو

کافی نہیں نگاہ ملانا نگاہ سے
کچھ نامہ و پیام بھی کرتے رہا کرو

برداشت اور صبر کی کیا بات ہے مگر
تسکینِ انتقام بھی کرتے رہا کرو

قابو رہے زبان پہ لیکن کبھی کبھی
یہ تیغ بے نیام بھی کرتے رہا کرو

اہلِ جہاں کے کام بھی کرتے رہا کرو
ہم زاد سے کلام بھی کرتے رہا کرو

رہنے دیا کرو نہ سبھی کام نا تمام
کچھ کوششیں تمام بھی کرتے رہا کرو

بَنتے ہیں کُلّیات خیالاتِ خام سے
ظاہر خیالِ خام بھی کرتے رہا کرو

سرگوشیوں میں سیکھتے رہنے کے ساتھ ساتھ
دل کی زبان عام بھی کرتے رہا کرو

اپنے لیے جیے تو بَھلا کیا جیے شعورؔ
کچھ خدمتِ عوام بھی کرتے رہا کرو

دردِ دل و دردِ جگر دیکھ لو
میری طرف ایک نظر دیکھ لو

آؤ مرے ساتھ چلو موڑ تک
گھر نہ سہی، راہ گزر دیکھ لو

اُس کی طرف سے کوئی ردِّعمل
غیر یقینی ہے، مگر دیکھ لو

بھیڑ میں فوراً نظر آجاؤں گا
کاش کسی طرح اِدھر دیکھ لو

ارض و سما گھوم رہے ہیں تو کیا
وقت کا سیدھا ہے سفر دیکھ لو

شکل شناسی نہیں لازم شعورؔ
پھر بھی مناسب ہے اگر دیکھ لو

غمِ خستہ حالی کئی دن سے تھا
مرا ہاتھ خالی کئی دن سے تھا

مجھے دے دیا آج اُس نے جواب
میں جس کا سوالی کئی دن سے تھا

اچانک نہیں آگئی ہے خزاں
یہ امکان مالی! کئی دن سے تھا

مجسّم ہوا دفعتاً خواب میں
جو پیکر خیالی کئی دن سے تھا

بہت آج حالؔی پہ بولا شعورؔ
اُدھار اُس پہ حالؔی کئی دن سے تھا

اُن سے جس روز سے کنارہ ہے
بادۂ ناب پر گزارا ہے

کوئی آتا نہیں مصیبت میں
جب ضرورت پڑی، پکارا ہے

یہی کم زور و ناتواں بازو
میرا سب سے بڑا سہارا ہے

دل پریشاں رکھو کہ شاد رکھو
یہ ہمارا نہیں، تمھارا ہے

میری جانب نہ دیکھنا اُس کا
دیکھنے سے بڑا اشارہ ہے

جب سے وہ چھوڑ کر گئے ہیں شعورؔ
حال ناگفتنی ہمارا ہے

✻

خواب میں جو اک بار ہوا تھا، وہ ہر بار نہیں ہوگا
آنکھیں بند رکھو یا کھولے، اب دیدار نہیں ہوگا

سب کو راس آتا ہے لیکن راس نہیں آتا ہم کو
اتنا بیری اور کسی کا یہ سنسار نہیں ہوگا

خالی ہاتھ سفر کرنا ہے کاٹھ کباڑ یہیں چھوڑو
سب چیزیں کام آجائیں گی، کچھ بے کار نہیں ہوگا

اب کے ہم نے شاخِ ہَوا پر خِشتِ نشیمن رکھّی ہے
آگ لگے یا آندھی آئے، گھر مسمار نہیں ہوگا

آج تمھارے رنگ محل پر خاموشی طاری ہے شعورؔ
دروازے کیوں بند ہیں سارے، کیا دربار نہیں ہوگا

خواہ شعورؔ صبح و شام غرق گلاس میں رہو
اپنی حدود میں رہو، اپنے حواس میں رہو

جو بھی مِلا ہوا ہے وہ کم نہیں اتّفاق سے
کیوں کسی بھوک میں رہو، کیوں کسی پیاس میں رہو

ہم نے تمھیں خیال میں دیکھ لیا بلا جھجک
اور نقاب میں رہو، اور لباس میں رہو

راستہ دیکھتے رہو، چاپ سنائی دے نہ دے
صبح کی آس ہو نہ ہو، صبح کی آس میں رہو

آج کے سب قیاس ہیں کل کی حقیقتیں شعورؔ
اہلِ نگاہ میں رہو، اہلِ قیاس میں رہو

عمر میں صِرف جوانی تو نہیں ہوتی ہے
زندگی کوئی کہانی تو نہیں ہوتی ہے

دل دھڑکنے کی صدا غور سے سُن کر دیکھو
یہ کوئی یاد دہانی تو نہیں ہوتی ہے

سر میں کچھ درد تو محسوس نہیں ہوتا ہے
اور سینے پہ گرانی تو نہیں ہوتی ہے

جانے والے ہیں بدستور دلوں میں باقی
ہستی انسان کی فانی تو نہیں ہوتی ہے

”تُو نہیں اور سہی، اور نہیں اور سہی“
آپ کی بزم پرانی تو نہیں ہوتی ہے

سر جُھکائے ہوئے کاموں میں لگے رہتے ہیں
شہریوں کی نگرانی تو نہیں ہوتی ہے

پی کے کیسے کوئی اوسان ٹھکانے رکھّے
آگ ہوتی ہے یہ پانی تو نہیں ہوتی ہے

منطقوں اور دلیلوں میں نہ اُلجھاؤ ہمیں
عاشقی فلسفہ دانی تو نہیں ہوتی ہے

بے خیالی میں زباں پر نہیں رہتا قابو
ورنہ ہر بات بتانی تو نہیں ہوتی ہے

اُس کا گھر اور کہیں ہے مرا گھر اور کہیں
دوستی محض مکانی تو نہیں ہوتی ہے

بار بار اُٹھ کے دریچے میں چلے جاتے ہو
کوئی پیغام رسانی تو نہیں ہوتی ہے

تم جو ہر بات پہ کرتے ہو سوالات شعورؔ
یہ حماقت کی نشانی تو نہیں ہوتی ہے

دن کو بدل کے شام کیا ہے ابھی ابھی
روشن چراغِ جام کیا ہے ابھی ابھی

اس بِھیڑ میں تو کوئی بھی واقف نہیں مِرا
کس نے مجھے سلام کیا ہے ابھی ابھی

جب بھی وہ آئے گا یہ نظر آئے گا اُسے
گویا سب اہتمام کیا ہے ابھی ابھی

دروازہ کھول دیجیے تاخیر کے بغیر
دیوار نے کلام کیا ہے ابھی ابھی

کچھ دیر تو لگے گی تکلّف میں اے شعورؔ
اُس بُت کو تم نے رام کیا ہے ابھی ابھی

زمیں پر ایک گھر ہے اور میں ہوں
حیاتِ مختصر ہے اور میں ہوں

جہاں رونق تھی تیرے دَم قدم سے
وہی اُجڑا نگر ہے اور میں ہوں

مسافت ہو گئی طے زندگی کی
اب اک لمبا سفر ہے اور میں ہوں

مرے رکنے کا باعث تم نہیں ہو
مرا حُسنِ نظر ہے اور میں ہوں

تری آمد کا خط آیا ہے جب سے
یہ مژدہ، یہ خبر ہے اور میں ہوں

شعورؔ اک ایک کرکے کیا گناؤں
سمجھ لو شہر بھر ہے اور میں ہوں

سوال کوئی بھی ناقابلِ جواب نہیں
اگر حیات ہو پیشِ نظر، کتاب نہیں

تم اُس سے جاکے ملاقات کیوں نہیں کرتے
وہ شخص ایک حقیقت ہے، کوئی خواب نہیں

بڑے بڑوں کے قدم ڈگمگانے لگتے ہیں
تری نگاہ میں کیا ہے، اگر شراب نہیں

جو سوچتے ہو، عمل بھی کیا کرو اُس پر
جو باعمل نہیں دنیا میں کامیاب نہیں

تمھارے دیکھنے والوں کو کس طرح سمجھاؤں
کہ آدمی ہی کا چہرہ ہے یہ گلاب نہیں

شکایتوں کا تعلّق توقّعات سے ہے
ہم اور آپ سے شاکی، نہیں جناب! نہیں

شعورؔ! دن کو بھی دیکھا ہے، رات کو بھی اُسے
''وہ آفتاب نہیں ہے کہ ماہتاب نہیں''

توجّہ طلب رقصِ حالات ہے
کبھی روشنی ہے، کبھی رات ہے

بشر نے قدم رکھ دیا چاند پر
یہ اقدام ہے یا کرامات ہے

ترے دَر سے آئی ہوئی خاک بھی
نہایت گراں قدر سوغات ہے

جھلک دیکھ لی اور خوش ہوگئے
یہی کچھ فقیروں کی اوقات ہے

قدم گھر سے باہر نہ رکھنا شعورؔ
بڑی موسلادھار برسات ہے

نہ پوچھو کہ انجام کیا دیکھتا ہوں
بُرا بلکہ بے حد بُرا دیکھتا ہوں

جسے جاگتے میں نہیں دیکھ سکتا
اُسے خواب میں برملا دیکھتا ہوں

ذرا ٹھیر جاتا ہوں میں اُس گلی میں
اگر وہ دریچہ کھلا دیکھتا ہوں

تمھاری جبیں پر شکن دیکھ کر میں
جسے دیکھتا ہوں، خفا دیکھتا ہوں

ملاقات کے وقت ہر آدمی میں
کوئی آدمی دوسرا دیکھتا ہوں

شعورؔ اور کیا خوش دلی ہو کہ اب بھی
بڑے شوق سے آئینہ دیکھتا ہوں

جو بھیڑ میں بھی اکیلا دکھائی دیتا ہے
وہ آدمی مجھے اپنا دکھائی دیتا ہے

بشر زبان و بیاں میں نہیں سما سکتا
نہ پوچھیے کہ وہ کیا کیا دکھائی دیتا ہے

اب آگئے ہو تو کچھ دیر دیکھ لینے دو
کبھی کبھی تو یہ چہرہ دکھائی دیتا ہے

کسی میں کوئی کمی ہے، کسی میں کوئی کمی
ہر ایک شخص ادھورا دکھائی دیتا ہے

وہ دن کے وقت کسی دن نظر نہیں آتا
تو رات کو مجھے سپنا دکھائی دیتا ہے

ہمیں شعورؔ زمیں گھومتی نہیں لگتی
نہ کوئی لمحہ گزرتا دکھائی دیتا ہے

✻

زنداں میں کوئی تنہا صیّاد! نہیں رہتا
کس شخص کے ساتھ آخر ہم زاد نہیں رہتا

ہر شب نظر آتے ہیں سَو خواب مجھے پھر بھی
اُٹھتا ہوں سویرے تو کچھ یاد نہیں رہتا

اِس عالمِ فانی میں، اِس عمرِ دو روزہ میں
میں شاد تو کیا رہتا، ناشاد نہیں رہتا

قانون و قواعد کا پابند نہ ہو جب تک
انسان زمانے میں آزاد نہیں رہتا

تم کیا ہو شعورؔ اپنی اوقات بھی دیکھی ہے
خود ساختہ جنّت میں شدّاد نہیں رہتا

عقل کم بخت سوچتی کیوں ہے
زندگی کیا ہے، زندگی کیوں ہے

صِرف دو گز زمین کافی تھی
کائنات اس قدر بڑی کیوں ہے

آدمی اور آدمی آخر
آشنا اور اجنبی کیوں ہے

جس عنایت سے جی نہیں بھَرتا
وہ عنایت کبھی کبھی کیوں ہے

میں کہیں دُور جا چکا ہوتا
درمیاں میں تری گلی کیوں ہے

مستقل ہو تو صبر آجائے
درد ابھی کیوں نہیں، ابھی کیوں ہے

ایک ہی شے ہیں مختلف اشیا
یہ بُری کیوں ہے، وہ بھَلی کیوں ہے

تم ہو اتنے ہی پارسا تو شعورؔ
ایسے لوگوں سے دوستی کیوں ہے

اک بیری میرے گاؤں میں تھی
بڑی ٹھنڈک اُس کی چھاؤں میں تھی

دل سُوکھ چکے، اب چاہ کہاں
یہ لہر اُٹھی دریاؤں میں تھی

حیرت ہے کہ رَستے بھر نہ کُھلا
چوٹ اتنی گہری پاؤں میں تھی

ترا کوچہ دیکھ کے حیراں ہوں
یہ دُنیا بھی دُنیاؤں میں تھی

ہم آج گھروں میں رہتے ہیں
کل بود و باش گپھاؤں میں تھی

وہ کال تھا داناؤں کا شعور
مری گِنتی بھی داناؤں میں تھی

ختم کَس بَل ہو گیا ہے
مسئلہ حل ہو گیا ہے

آدمی ہیں یا درندے
شہر جنگل ہو گیا ہے

بارشوں کی آرزو تھی
کھیت جَل تَھل ہو گیا ہے

آئے دن کے حادثوں سے
چوک مقتل ہو گیا ہے

پِیر کا اُس نے کہا تھا
آج منگل ہو گیا ہے

دل کہ کم بیکل نہیں تھا
اور بیکل ہو گیا ہے

رات کے دو بج رہے ہیں
بند ہوٹل ہو گیا ہے

اک ترے جانے سے یہ گھر
نا مکمّل ہو گیا ہے

کل سے پرسوں تو نہ ہوگا
آج سے کل ہو گیا ہے

اے شعورؔ اب بند باتیں
ذہن بوجھل ہو گیا ہے

شک نہیں ہے ہمیں اُس بُت کے خدا ہونے میں
چین ہی چین ہے راضی بہ رضا ہونے میں

کون چُھپ چُھپ کے محبّت نہیں کرتا آخر
کیا برائی ہے یہی کھیل کُھلا ہونے میں

بات بے بات انھیں عادت ہے خفا ہونے کی
کوئی ثانی نہیں رکھتے وہ خفا ہونے میں

زندہ رہنے سے بڑا جُرم بَھلا کیا ہوگا
تاہم اک عمر گزرتی ہے سزا ہونے میں

پہلے دنیا میں وفا کوئی صِفت ہوتی تھی
شرم آتی ہے اب اربابِ وفا ہونے میں

مسئلہ بَن گئی چھوٹی سی برائی تو شعورؔ
کیا تکلّف ہے بَھلا اور بُرا ہونے میں

بے ثباتی عمر کی ناپائداری عمر کی
اہلیت برباد کردیتی ہے ساری عمر کی

تیرے آنے کا ہمیں پورا بھروسا ہے مگر
دہر میں مشہور ہے بے اعتباری عمر کی

کوئی اپنی منزلِ مقصود سے واقف نہیں
چلتے چلتے ٹھیر جاتی ہے سواری عمر کی

جیسے صحرا اور ذرّہ، جیسے دریا اور بوند
زندگی میں کیا حقیقت ہے ہماری عمر کی

کوئی پہلے چُن لیا جاتا ہے، کوئی بعد میں
جانے کس ترتیب سے آتی ہے باری عمر کی

ہو ہی جاتا ہے بشر آسودۂ خاک ایک دن
رائگاں جاتی نہیں خدمت گزاری عمر کی

گو مجھے سوتے میں چلنے کا مرض لاحق نہیں
خواب میں طے ہو رہی ہے راہداری عمر کی

کٹ گیا کسبِ معاش و فکرِ فردا میں شباب
کس طرح غارت ہوئی فصلِ بہاری عمر کی

ابتلا کا دَور تو پھر ابتلا کا دَور ہے
مفلسی میں ہر گھڑی ہوتی ہے بھاری عمر کی

غالباً انساں کے احساسات پر موقوف ہے
خوش گواری عمر کی، ناخوش گواری عمر کی

اب تمھیں لڑکی تو ملنے سے رہی انورؔ شعورؔ
ہم کوئی خاتون ڈھونڈیں گے تمھاری عمر کی

بستی میں، بَن میں، باغ میں، دریا میں کیا نہیں
باہر نکل کے دیکھیے، دنیا میں کیا نہیں

یوسف میں کچھ کمی نہ زلیخا میں کچھ کمی
یوسف میں کیا نہیں ہے، زلیخا میں کیا نہیں

ہے اختیار اور تصرّف میں کیا مگر
چشمِ کشادہ و دلِ زندہ میں کیا نہیں

وہ بات تو نہیں جو تری ہمدمی میں تھی
پھر بھی رفاقتِ مئے و مینا میں کیا نہیں

انسان آپ اپنا مسیحا ہے اے شعورؔ
آنکھیں تو کھول، دستِ مسیحا میں کیا نہیں

نہیں ہے عالمِ امکاں میں کیا بَھلا ممکن
مگر شعورؔ! تمھارا علاج ناممکن

فراق میں کوئی زندہ رہے کہ مر جائے
نہ انتظار ہی ممکن نہ رابطہ ممکن

زبان سے نہیں ہوگا، نگاہ سے ہوگا
ہمارا اور تمھارا مکالمہ ممکن

فقط کسی کے بُلانے سے وہ نہیں آتے
نصیب ہی سے ہُوا ہے یہ واقعہ ممکن

بہت دنوں سے تری راہ تک رہے تھے ہم
بہت دنوں میں ہُوا تیرا سامنا ممکن

شعورؔ آج حقیقت میں ہو گیا دیکھو
گمان میں بھی نہ تھا جو معاملہ ممکن

اپناؤ کوئی راہ گزر سوچ سمجھ کر
لازم ہے کیا جائے سفر سوچ سمجھ کر

ہوتے نہیں ہر بات پہ ناراض رفیقو!
کرتا نہیں ہر بات بشر سوچ سمجھ کر

اے منزلِ مقصودِ محبّت کے مسافر
تھوڑی سی مسافت ہے، مگر سوچ سمجھ کر

وہ آئے ہوئے ہوں تو گزارا نہیں کرتے
ہم روز و شب و شام و سحر سوچ سمجھ کر

انسان کے ہاتھوں میں ہے انجام عمل کا
آغاز کیا جائے اگر سوچ سمجھ کر

ناقابلِ برداشت ہے سچّائی کی تلخی
اے اہلِ ہُنر! عرضِ ہُنر سوچ سمجھ کر

تُو اور شعورؔ اپنے ستاروں کی شکایت؟
الزام ہی دَھرنا ہے تو دَھر سوچ سمجھ کر

اثر بڑے سے بڑا واقعہ نہیں کرتا
گلی میں کوئی دریچہ بھی وا نہیں کرتا

کھڑے کھڑے مجھے باہر نکال دیتا ہے
وہ اپنے گھر میں تکلّف ذرا نہیں کرتا

کُھلا ہوا نہ ملے دَر تو لَوٹ آتا ہوں
میں دستکیں نہیں دیتا، صدا نہیں کرتا

وہ اپنے آپ چلا آئے تو سر آنکھوں پر
فقیرِ گوشہ نشیں سلسلہ نہیں کرتا

بُھلا سکے نہ جسے ہم کبھی، خدا جانے
ہمیں وہ یاد بھی کرتا ہے یا نہیں کرتا

شعورؔ آپ کو خود پر یقین ہی تو نہیں
یقین ہو تو بَھلا کوئی کیا نہیں کرتا

ہم سفر ہیں یہ ہمارے اور تم
کتنے اچھّے ہیں ستارے اور تم

ایسی شاموں پر ہمارے دن نثار
ہم ہوں دریا کے کنارے اور تم

دل کشی و بے حِسی میں ایک ہیں
حُسنِ فطرت کے نظارے اور تم

حلقۂ احباب میرا شہر میں
چاہنے والے تمھارے اور تم

جِن کو چھوڑا تھا تمھارے نام پر
یاد آتے ہیں وہ سارے اور تم

پہلے خود کو تو سنبھالو اے شعورؔ
بے سہاروں کے سہارے اور تم

شام تو ہوگی، سحر تو ہو گی
زندگی ہے تو بسر تو ہو گی

ایک دَم ہاں نہیں کرتا کوئی
کچھ اگر اور مگر تو ہو گی

لاکھ اُونچی سہی دیوار اُس کی
یہ مہم بھی کبھی سَر تو ہو گی

کوئی روتا ہے تو ہنستے کیوں ہو
ظالمو! آنکھ ہے، تر تو ہو گی

عیب کرتا ہوں ہُنر سے کہ شعورؔ
کم سے کم قدرِ ہُنر تو ہو گی

سب کچھ تھا مگر کوئی نہیں تھا
سایہ تھا وہ آدمی نہیں تھا

آدم کے بغیر زندگی تھی
ہنگامۂ زندگی نہیں تھا

تھی جس سے اُمید معذرت کی
اُس شخص کو یاد بھی نہیں تھا

چپ چاپ گزار لی شبِ غم
اعلان تو لازمی نہیں تھا

جس روگ نے میری جان لے لی
وہ روگ مجھے کبھی نہیں تھا

تھی بات شعورؔ ٹھیک لیکن
اظہار کا وقت ابھی نہیں تھا

ہوتا ہے وہ جِدھر ہم اُدھر دیکھتے نہیں
کرتے ہیں سَرسَری سی نظر، دیکھتے نہیں

دیدار کی شراب ہمہ وقت ہے حلال
اس مشغلے میں شام و سحر دیکھتے نہیں

ہیں صِرف راہ گیرِ محبّت وہ راہ گیر
چلتے ہیں اور راہ گزر دیکھتے نہیں

آتے بھی ہو تو دیکھتے ہو صِرف منہ مرا
دل دیکھتے نہیں ہو، جگر دیکھتے نہیں

جینے کا ذکر تک نہیں، پینے کا شور ہے
سب عیب دیکھتے ہیں، ہُنر دیکھتے نہیں

کرتے ہیں اختیار وہ آمادگی کی راہ
جب اور کوئی راہِ مفر دیکھتے نہیں

کیا خیر اور شر میں کوئی فرق ہے شعورؔ
ہم شر میں خیر، خیر میں شر دیکھتے نہیں

غمِ دل کی دوا مجھ سے نہ ہو گی
نہ ہو گی اے خدا! مجھ سے نہ ہوگی

اگر غیرت ہے حفظِ جاں کی قیمت
تو یہ قیمت ادا مجھ سے نہ ہوگی

حسابِ دوستاں اپنی جگہ ہے
وفا اے بے وفا! مجھ سے نہ ہوگی

بلندی پر نہ تھا میرا نشیمن
خفا پاگل ہَوا مجھ سے نہ ہوگی

دِیا ہے داغ تو بخشو کفن بھی
نمائش جا بہ جا مجھ سے نہ ہوگی

شعورؔ اُس سے کہلوانا ہے اتنا
کہ اب ایسی خطا مجھ سے نہ ہوگی

دیکھا اُنھیں تو بھانے لگی زندگی ہمیں
اپنی طرف بُلانے لگی زندگی ہمیں

گزرا ہوا زمانہ بُھلایا نہ جائے گا
مانا کہ راس آنے لگی زندگی ہمیں

اک داستاں سُنانے لگے زندگی کو ہم
اک داستاں سُنانے لگی زندگی ہمیں

ہر چند بے رُخی کے سِوا کچھ نہیں مِلا
کیوں خوش نما نہ جانے لگی زندگی ہمیں

آئی برائے نام سمجھ بُوجھ تو شعور
دُکھ سُکھ سے آزمانے لگی زندگی ہمیں

نہیں بدلی کوئی عادت ہماری
وفا داری بہ شرطِ استواری

نہ جانے دل پہ کتنے نقش ہوں گے
ہمیں آتی نہیں اختر شماری

حکومت کی ہے دل کی مملکت پر
کئی شہزادیوں نے باری باری

کسی مصروفیت سے کم نہیں ہے
مری بے کاری و بے روزگاری

کراچی میں پتہ چلتا نہیں کچھ
کب آئی، کب گئی بادِ بہاری

زیادہ پاؤں پھیلانے کا انجام
فقط شرمندگی و شرم ساری

شعورؔ آرام سے رہتا ہوں پھر بھی
تھکن سی جسم پر رہتی ہے طاری

اب دِکھائی نہیں دیتا کہیں جاتا ہوا دل
ہائے وہ ایک کے بعد ایک پہ آتا ہوا دل

حسبِ معمول اِدھر شام ہوئی، اور اُدھر
سُوئے مے خانہ چلا ناچتا گاتا ہوا دل

کیا کریں بیٹھ کے ہم گوشۂ تنہائی میں
تنگ کرتا ہے بہت شور مچاتا ہوا دل

کبھی شاداں، کبھی غم گیں نہیں رہنے دیتا
یہ رُلاتا ہوا دل اور ہنساتا ہوا دل

کُوئے جاناں میں نہیں تو کسی ویرانے میں
پھر رہا ہوگا کہیں ٹھوکریں کھاتا ہوا دل

صاحبِ ذوق کے سینے میں دھڑکتا ہے شعورؔ
شعر پڑھتا ہوا، افسانے سناتا ہوا دل

کیا ریشمیں بدن ہے
فانوس میں کِرن ہے

خوشبو کے قد پہ موزوں
پھولوں کا پیرہن ہے

سرو و گل و سمن سے
آرائشِ چمن ہے

آتی ہے سیکھنے سے
ہر بات ایک فن ہے

مے خانۂ جہاں میں
دل مست ہے، مگن ہے

کچھ ہے بھی حُسن آخر
یا صِرف حُسنِ ظن ہے

جب سے گیا ہے کوئی
تنہائی انجمن ہے

دل کے بغیر دنیا
بستی نہیں ہے، بَن ہے

ہیروں سے بیش قیمت
سرمایۂ سخن ہے

انور شعورؔ صاحب
جینا بڑا کٹھن ہے

ہم نے جس روز پی نہیں ہوتی
''زندگی زندگی نہیں ہوتی''

رات کو خواب دیکھنے کے لیے
آنکھ میں نیند ہی نہیں ہوتی

صبح، جس وقت شہر آتی ہے
کوئی کھڑکی کُھلی نہیں ہوتی

شام اب رنگ رنگ ہوتی ہے
سُرمئی سُرمئی نہیں ہوتی

دل تو ہوتا ہے بار بار جوان
عمر کی واپسی نہیں ہوتی

خوشی ہوتی ہے آج بھی لیکن
کچھ زیادہ خوشی نہیں ہوتی

پہلے ہوتی تھی گفتگو پہروں
اب گھڑی دو گھڑی نہیں ہوتی

لاکھ خود کو فریب دے کوئی
بے دلی خوش دلی نہیں ہوتی

کیا بُلائیں اُسے تصوّر میں
ہم سے خانہ پُری نہیں ہوتی

آپ کی کوئی خوبی و خامی
دوسروں سے چُھپی نہیں ہوتی

اُٹھتے جاتے ہیں لوگ دنیا سے
اور کوئی کمی نہیں ہوتی

کون سا دن نیا نہیں ہوتا
کون سی شب نئی نہیں ہوتی

بس متاعِ سخن ہے میرے پاس
جو کسی کام کی نہیں ہوتی

بے پیے کوئی کیا غزل چھیڑے
کوفت میں شاعری نہیں ہوتی

ہم بھی ہوتے ہیں گو اداس شعورؔ
ایسی افسردگی نہیں ہوتی

تمھیں اپنی کتھائیں کیا سنائیں
پڑیں کیا ابتلائیں، کیا سنائیں

مچی اطراف میں کیسی تباہی
چلیں کیسی ہَوائیں، کیا سنائیں

دِکھا دیتے ہیں سینہ چاک کرکے
زباں سے کیا بتائیں، کیا سنائیں

ابھی کچھ ہے، ابھی کچھ ہے، ابھی کچھ
زمانے کی ادائیں، کیا سنائیں

فقط اتنا بتا دینا بہت ہے
قفس میں تھے، سزائیں کیا سنائیں

سنانے کے لیے سُکھ بھی ہیں، دُکھ بھی
ہنسائیں یا رُلائیں، کیا سنائیں

پرانی ہو گئی ہے ہر کہانی
جگر گوشوں کو مائیں کیا سنائیں

وہ سننا چاہتے ہیں حال ہم سے
خدایا! کیا سنائیں کیا سنائیں

معافی کے نہیں تھے مستحق ہم
شعورؔ اپنی خطائیں کیا سنائیں

دیکھو اُسے تو سُنبل و ریحاں میں دیکھنا
گُل دان کے بجائے گُلستاں میں دیکھنا

دل بے قرار ہی نظر آئے گا ہر جگہ
بستی میں دیکھنا کہ بیاباں میں دیکھنا

وہ ایک آفتابِ جہاں تاب ہے جسے
ہم چاہتے ہیں اپنے شبستاں میں دیکھنا

آلامِ زندگی سے نبرد آزما ہوں میں
ثابت قدم مجھے صفِ رنداں میں دیکھنا

لمبے سفر کے بعد وطن آرہے ہیں ہم
کوئی مکان کوچۂ جاناں میں دیکھنا

اِس شہرِ زر نگار کے شام وسحر شعورؔ
آکر ہمارے خانۂ ویراں میں دیکھنا

گُل کائنات ہوں میں
یا ایک ذات ہوں میں

دائم رہوں گا قائم
یا تاحیات ہوں میں؟

کوئی جہت ہے میری
یا بے جہات ہوں میں؟

آرم سے وطن میں
دن ہوں نہ رات ہوں میں

محروم تجھ سے کتنا
اے التفات ہوں میں

بندہ بشر ہوں آخر
گو خوش صفات ہوں میں

جانا ہے چھپ کے ملنے
تنہا برات ہوں میں

جھانکو شعورؔ مجھ میں
پُر ممکنات ہوں میں

ہر وہ پیمانہ جو خالی نظر آتا ہے مجھے
کاسئہ دستِ سوالی نظر آتا ہے مجھے

اے خدا دل کی پریشانی و ویرانی دیکھ
تُو ہی اِس باغ کا مالی نظر آتا ہے مجھے

تیسری آنکھ کسی سمت کی پابند نہیں
سب جنوبی و شمالی نظر آتا ہے مجھے

پہلے ہوتا تھا خیالی بھی حقیقی معلوم
اب حقیقی بھی خیالی نظر آتا ہے مجھے

نہ سمجھتا ہوں کسی شخص کو کم تر اے دوست
نہ کوئی برتر و عالی نظر آتا ہے مجھے

کسی کردار پہ قائم نہ رہا جائے شعورؔ
یہی کردار مثالی نظر آتا ہے مجھے

دل کا دیار قریۂ جانانہ ہے تمام
بُت خانہ ہے تمام، پری خانہ ہے تمام

گرد و غُبار سے کوئی واقف نہیں یہاں
یہ سر زمین سبزۂ بیگانہ ہے تمام

دیکھا نہیں کسی نے اُسے آج تک مگر
عالَم اُسی کے نام کا دیوانہ ہے تمام

مانا غم و الم کا سمندر ہے زندگی
میرے لیے شراب کا پیمانہ ہے تمام

گو ایک چشم دید حقیقت ہے کائنات
دیکھے کوئی بہ غور تو افسانہ ہے تمام

میرا یہ سوچنا کہ مجھے تشنگی نہیں
خوش فہمیٔ تساہلِ رِندانہ ہے تمام

میں ایک آدمی ہوں حقیر و فقیر سا
حالانکہ رکھ رکھاؤ رئیسانہ ہے تمام

گر قابلِ قبول ہو اُن کے لیے شعورؔ
جو کچھ مجھے نصیب ہے، نذرانہ ہے تمام

بَھلا اور کیا میرے بس میں رہا
یہی کچھ مری دسترس میں رہا

بہت غیر محفوظ ہے زندگی
یہ احساس ہر ذی نفس میں رہا

سبھی رنگ دیکھے ہوئے ہیں مرے
گُل و لالہ و خار و خس میں رہا

نکالا نہ صیّاد نے، شُکر ہے
چمن میں رہا، گو قفس میں رہا

کبھی یادِ ماضی سے سنبھلے نہ ہم
گزشتہ برس ہر برس میں رہا

یہی پانچ دس آدمی تھے شعورؔ
ہمیشہ اِنھی پانچ دس میں رہا

اِس بات کا ثبوت ابھی تک مِلا نہیں
آغازِ کائنات کوئی حادثہ نہیں

مشرق کا آدمی ہو کہ مغرب کا آدمی
سب ایک سے ہیں اور کوئی ایک سا نہیں

سچّائی مُشتِ خاک کو رکھتی ہے سربلند
میں ٹوٹ تو ضرور گیا ہوں، جُھکا نہیں

پہلی نگاہ میں مجھے اپنا بنا لیا
گو اِن معاملوں کا اُسے تجربہ نہیں

اچّھی طرح شعور کو پہچانتا ہوں میں
جتنا وہ نیک نام ہے، اتنا بُرا نہیں

رنگِ رُخ ہے کہ نور ہے کوئی
وہ پری ہے کہ حور ہے کوئی

گھر میں، بازار میں، بیاباں میں
میرے نزدیک و دور ہے کوئی

مختلف نام ہیں پہاڑوں کے
قاف ہے کوئی، طُور ہے کوئی

یوں پیا زہرِ زندگی جیسے
یہ شرابِ طہور ہے کوئی

میری صورت اُنھیں نہیں بھاتی
کیا یہ میرا قصور ہے کوئی

بے رُخی اور بے نیازی کی
انتہا بھی حضور ہے کوئی

شاعروں کے بغیر یہ دنیا
گلشنِ بے طیور ہے کوئی

قابلِ ذکر اس کراچی میں
ایک انور شعورؔ ہے کوئی

گھر میں نہ لگا دل تو گلستان گئے ہم
بہلے نہ وہاں بھی تو بیابان گئے ہم

مشہور مقامات سبھی دیکھ چکے تھے
اک روز خیابان خیابان گئے ہم

تنخواہ کے دن گھر میں نہیں تھیں کئی چیزیں
بازار سے لیتے ہوئے سامان گئے ہم

بھیجا تھا ہمیں اُس نے ملاقات کا پیغام
انکار بھی ممکن تھا مگر مان گئے ہم

وہ ہم سے شعورؔ ایک زمانے میں ملا تھا
حیرت ہے کہ پھر بھی اُسے پہچان گئے ہم

✻

دل و نگاہ جب اے جان ایک بولتے ہیں
تو شہر اور بیابان ایک بولتے ہیں

سحر کا، شام کا، شب کا فریب کیا کھاؤں
یہ بے زبان تو ہر آن ایک بولتے ہیں

پیمبروں کو سمجھتے ہیں دو مگر رب کو
یہود ایک، مسلمان ایک بولتے ہیں

سِکھا رہا ہوں میں دل کی زباں زمانے کو
زباں ہو ایک تو انسان ایک بولتے ہیں

وہ جانتے ہیں بہت بولیاں مگر بولی
سبا پہنچ کے سلیمان ایک بولتے ہیں

نہ ہوں تو خیر، مگر آپ گھر میں ہوں تو بھی
جواب آپ کے دربان ایک بولتے ہیں

وہ مشکلات و محالات بول چکتے ہیں
تو بات ہم بہت آسان ایک بولتے ہیں

طرح طرح کی زبانوں کے باوجود شعورؔ
قلمرووں کے قلمدان ایک بولتے ہیں

✲

رہا کام محرومیوں سے ہمیں
خدا نے بچایا بُتوں سے ہمیں

ملے ہوں گے دو چار سُکھ بھی ضرور
گزر کے ہزاروں دُکھوں سے ہمیں

خیالوں میں پرواز کرنے کا شوق
مِلا ہے پَری پیکروں سے ہمیں

زمیں کی سیاحت کو نکلے تھے ہم
گزرنا پڑا سرحدوں سے ہمیں

محبّت کا آسان سا تجربہ
ہُوا ہے بڑی مشکلوں سے ہمیں

نظر تو بہت بار آیا ہے وہ
مگر فاصلوں فاصلوں سے ہمیں

نہ پوچھو کہ کیا کیا وفادار دوست
میسّر ہوئے دشمنوں سے ہمیں

کوئی باغ معلوم ہوتا ہے باغ
گلوں سے نہیں، گُل رُخوں سے ہمیں

وہ اپنی گلی لے گیا تھا شعورؔ
کئی مختلف راستوں سے ہمیں

وہ کبھی آگ سے لگتے ہیں، کبھی پانی سے
آج تک دیکھ رہا ہوں اُنھیں حیرانی سے

آ ہی ملتا ہے سِرا رات کے سنّاٹے کا
صبح کے وقت پرندوں کی غزل خوانی سے

لوگ غاصب نہیں، حق دار سمجھتے ہیں مجھے
بے گھری لاکھ غنیمت ہے جہاں بانی سے

آدمی بَن کے مرا آدمیوں میں رہنا
ایک الگ وضع ہے درویشی و سلطانی سے

تَرک کرتا ہوں تو قطرہ بھی نہیں چکھتا ہوں
اور پیتا ہوں تو پیتا ہوں فراوانی سے

صرف اللہ کا کیا ذکر، بُتوں کو بھی شعورؔ
ہم نے چاہا ہے بڑے جذبۂ ایمانی سے

گزارے ہیں ہزاروں سال ہم نے
اسی دو چار دن کی زندگی میں